四国を死国から甦らせよ！

空海・龍馬とユダ、復活させたり

アルクトゥルスの
ダイヤモンドエネルギー

88次元 Fa-A
ドクタードルフィン
松久 正
Tadashi Matsuhisa

ヒカルランド

私は誰かがやっていることはやりません。
誰かがやったことで人類は変わりませんでした。
私が初めてやることによって、
人類と地球が変わるのです。

いつもうまくいっていないとか、
最悪だ、もう死にたいとか、
もう生きていけないと思ったときに、
最高に生きたくなる、
生きる力が同時に存在しているのです。

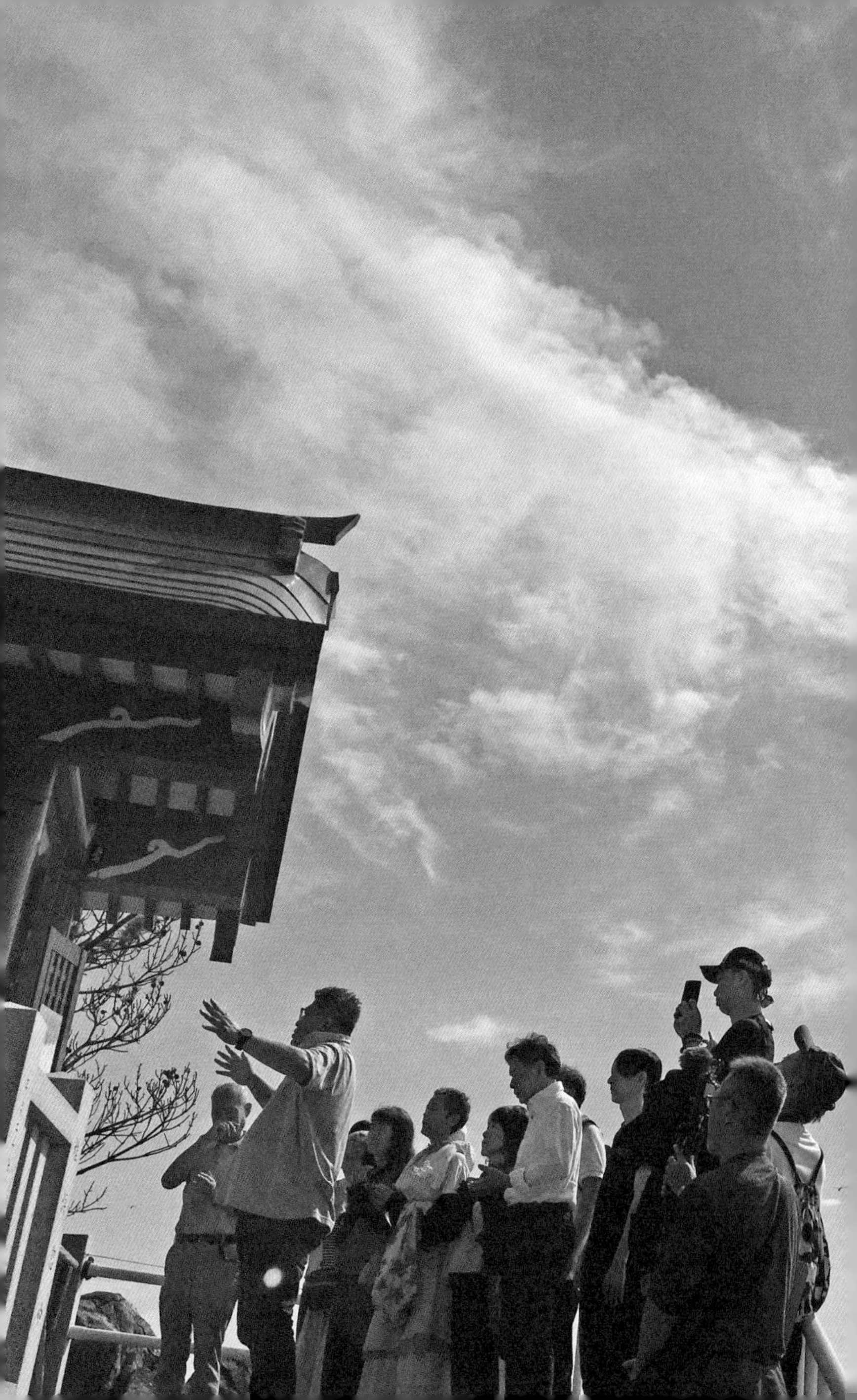

弥勒の世という愛と調和の世界は、
個の独立と融合です。
レムリアの世、
愛と調和の縄文エネルギーを
再興させるだけでなく、
次元上昇させて、
この世の中に生み出す。

空海と龍馬の生き方は、
私が言っていることと全く同じです。

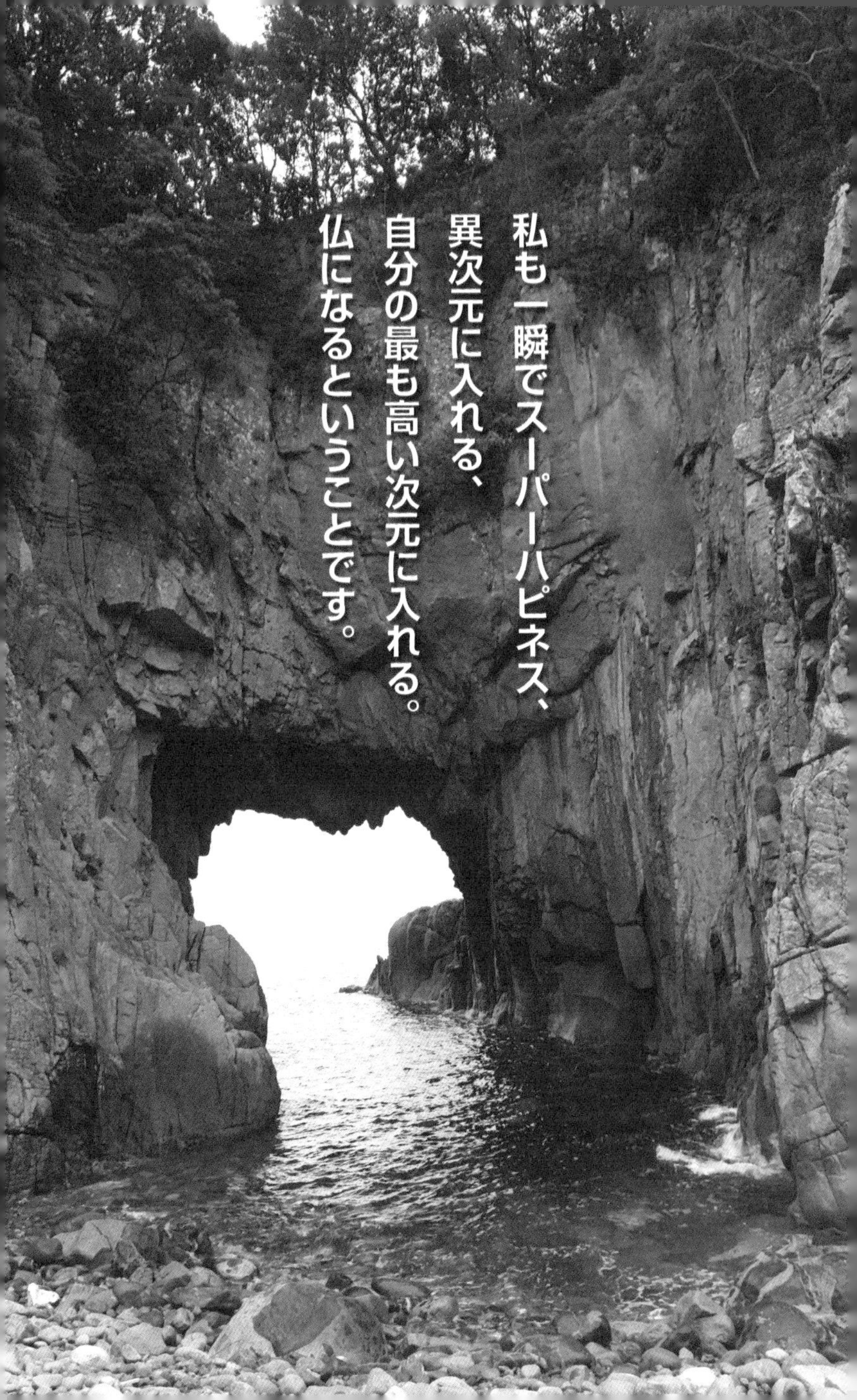
私も一瞬でスーパーハピネス、
異次元に入れる、
自分の最も高い次元に入れる。
仏になるということです。

坂本龍馬が言った
「日本を今一度洗濯いたし申候《もうしそうろう》」とは、
まさに出口王仁三郎が言った、
「日本を壊してつくり直さんぞ」
と同じことです。

彼らは私のパラレル過去生であり、
私が来るのを待っていました。

カバーデザイン　重原隆
編集協力　宮田速記
校正　麦秋アートセンター
本文仮名書体　文麗仮名（キャップス）

目次

Part 1 スーパーハピネスを世界に広げる！

秋の高知・愛媛　高次元☆修学旅行　1日目

Part 2 あなたのDNAをスーパーハピネスのDNAコードに全部書き換えます！

秋の高知・愛媛　高次元☆修学旅行　2日目

Part 3 無限大エネルギーを生み出すにはあなたの中の悪49％がキーとなる！

秋の高知・愛媛　高次元☆修学旅行　3日目

Part 4 宇宙人からの超高次元弥勒セッション！

秋の高知・愛媛　高次元☆修学旅行　4日目

Part 5

ユダと最後の晩餐　驚愕の高次元完結ストーリー

秋の高知・愛媛　高次元☆修学旅行　5日目

ラストスピーチ

本作品は2020年10月1日〜6日（5泊6日）
高次元☆修学旅行ｉｎ高知・愛媛
特別合宿スクール&リトリートをまとめたものです。

Part 1

スーパーハピネスを世界に広げる！

秋の高知・愛媛

高次元☆修学旅行

1日目

今、日本は地球社会を世直しするのに最も重要なポジション！

こんばんは。今回は5泊6日の長丁場です。

もともとイギリスのストーンヘンジを中心としたブリティッシュ・リトリートを予定していた日程なので、ちょっと長めにとってあったのです。どうしても新型コロナ対策で海外に行けない、国内でということで、これも全て宇宙の采配です。そういう最善の世の中にいつも生きているわけです。

四国といって私の魂に浮かんだのは、空海と坂本龍馬です。この二人の人物が、私が今活動している弥勒《みろく》の世開き、つまり世直しに対して、すごく重要なエネルギーであるということが、私がリトリートを四国でやることを決めてから、わかってきました。

何で私がいつもリトリートをやるのだろう。診療の時間を削ってまで、皆さんをお誘いして、国内、海外を飛び回って、そういう時間、空間を味わうのだろう。最初のうちは「なぜだろう」という感覚がありながらやってきましたが、今わかってきているのは、全ては必然であって、私がやるべきであるということです。

3次元の地球において、私がその場所に行くということは、エネルギー的に大事なことなのです。宇宙の生命体、宇宙社会の中で、もっと次元の高い文明だと、その場に行かなくても、意識をそこに移動させるだけで同じ効果が出るわけですが、地球という時間と空間の枠組みが強い場所においては、その場に行くということは非常にパワフルなことなのです。

地球では、エネルギーが高いからといって私が意識だけでそこに行っても、ある程度の効果を生み出すことができますが、その場所に行って、そこのエネルギーを開くことは、エネルギー的にとてつもなく大きいことなのです。

しかも、私一人で行ってもいいのですが、同じ志を持つ人とともに、勉強会で私の話を聞いていただきながら、皆さんの意識を同じ方向に向けてもらうことで、あすからの活力となって、その場でエネルギー開きをすることが、とてつもなく可能になるのです。

私は、2019年に菊理《くくり》姫神《ひめかみ》を開いてから、強力に地球社会の世直しをしています。世直しについては、過去にいろいろ述べてきました。

私は、2019年に菊理《くくり》姫神《ひめかみ》を開いてから、強力に地球社会の世直しをしています。
私のエネルギー開きにより、
今、日本国が地球社会を世直しするのに最も重要なポジションになってきています。
これも予言どおりです。

このコロナの騒ぎが来た。これは、私が長年、まずは壊すことが大事と言ってきている部分でもあるわけです。そして、今回、台風が全部日本をよけました。これも私が予言しているとおりのことです。私のエネルギー開きにより、今、日本国が地球社会を世直しするのに最も重要なポジションになってきています。これも予言どおりです。だから、日本国にできるだけダメージを与えないということで、2020年の時期は日本列島を避けるというエネルギーグリッドが組まれているわけです。

先日、ヒカルランドから『イルミナティとフリーメイソンとドクタードルフィン』という本が出ました。こういう本を出すと、今までの地球社会においては瞬殺されてきました。0秒で殺されます。地球の裏にいても逃げられない。地球から去っても逃げられないでしょう。0・01%のスーパートップは、私たちが想像もできない知識・情報・テクノロジーを持っています。

そういった意味で言うと、私は、世直しを起こすためには、彼ら悪役をしていた人も書き換える必要があるということで、それをできるように、過去生から今生までエネルギーを高めてきたのです。そして、しかるべきときに私のエネルギーの準備ができたので、彼らのスーパートップの集合意識にアクセスして、人類と地球が宇宙の叡《えい》智《ち》につながることを彼らは受け入れました。これはものすごく大きいことです。

私は、いろんなエネルギー開きをしてきているわけです。2019年3月にエアーズロックで地球のヘソを開き、以降、菊理姫神を開き、エジプトのクフ王のピラミッドを人類史上初めて開き、レムリアの大もとであるベトナム・ハロン湾を開き、琉球を開き、そして大分の宇佐《うさ》神宮を開いて卑弥呼《ひみこ》とジーザスを出しました。ジーザスの本も近々出ます。つい先日は北海道のフゴッペに行って、古神道の大もとである龍神を開いてきました。

先週の週末は、昔話の聖地、岩手県遠野に行きました。遠野では、座敷わらし、カッパ、おしらさまなどの昔話が伝えられています。おしらさまは、馬に恋をした娘が天に召されて、カイコの繭が絹になるという知識が初めて人間にもたらされたという感動的なお話でした。それらを、ただ単に遠野の語り部のおばあさんたちが話しているレベルにとどまらず、高次元、宇宙的な視野から見て、私が語り部のオバアとして、かつらをつけて昔話を語ったわけです。

何でそういうことをやるかというと、人類は誰もそんなことをやらなかった。私は誰かがやっていることはやりません。誰かがやったことで人類は変わりませんでした。私が同じことをやっても変わらないに決まっています。私が初めてやることによって、人類と地球が変わるのです。だから、私は新しいこととしかやるべきでないと知っていて、新しいことしかしない。誰かがやって地球と人類を何も変えていないことは、私はやらないのです。

昔話の世界にこそ真実がある、実は単に語り継がれたおとぎ話ではなくて、そこには人類を進化・成長させる本当のヒントがあるということを、私が初めて語ったのです。昔話として封印されていた座敷わらしの魂とかカッパの魂の封印を解いて、目覚めさせてきました。今語り継がれている以上に深い意味を持つ弥勒のカッパと弥勒の座敷わらしを、私が宇宙からエネルギーを降ろして高次元で語ったわけです。

私のエネルギー開きはずっと行われてきていますが、結局、求めるところは弥勒の世をつくるということです。つまり、世直しをするということです。弥勒というエネルギーは、愛と調和で、個人が本当に自分がやりたいことを、誰にも遠慮せずに好き勝手にやって、それでも誰の迷惑にもならずに、皆さんのバランスがとれる。調和、融合の社会です。

個の強化と融合を行うのがレムリアのエネルギー、つまり、弥勒の世なんです。弥勒の世は、レムリアのエネルギーの再現にほかならないということです。

空海と坂本龍馬に呼ばれて四国に上陸

そして、私が四国に上陸しました。四国は、私は人生で2回目です。

私は高知にまた来るとは思っていなかったなかで、来たというのは意味があって、結局、私の過去生に全部起因していたのです。

私の過去生は、高いところから言うと50次元の大宇宙大和神《オオトノチオオカミ》、ほかの神もたくさん入ります。ジーザス・クライストも過去生にあります。面白いところで言うと卑弥呼、出口王仁三郎《でぐちおにさぶろう》、ナポレオン、聖徳太子、明治天皇、ありとあらゆる過去生。

宇宙の古代史で言うと、もともとは宇宙文明星シリウスB（シリウスには主に、AとBがある）の皇帝だったのですが、私がシリウスのエネルギーを書き換えて次元を上げたので、ネオシリウスになって、女王になりました。地球の超古代文明であるレムリアでは、女王として沈みました。

その後もいろいろやってきました。今生に入って、源義経も過去生です。だから、先日、私が遠野に行った帰りに平泉に初めて行って、義経が自害した高館義経堂《たかだちぎけいどう》に行って義経のエネルギーを開きました。その瞬間から、エネルギーがパッと変わって、一気に世直し、世がひっくり返るくらいのエネルギーになりました。つまり、天変地異のエネルギーが、私が義経を開いた9月27日から舞い降りて、太陽の光が真っ青になりました。暫《しばら》く、そういう感じでした。義経のエネルギーが世界に出たのです。その瞬間に、義経は頼朝を許しました。癒やされた義経のエネルギーは、世直し、弥勒の世の促進に一気に加わりました。

そして、今回の四国のエネルギー開きに参加した皆さんは、非常に強力なエネルギーのサポートを受けることになるでしょう。大きな祝福を受けることになるでしょう。

私はいつも、地球社会を変える、宇宙の中の地球の立場を変えるぐらいのエネルギー開きをします。今回ももちろんそうです。同行される皆さんもそれだけ恩恵を受けるとわかっているので、いつも言うように、私から見たら料金は安いものだと思います。これの100倍は当たり前、100万倍でもいいと思っているのです。それぐらいの価値があるものに皆さんは出ています。

今回は、空海と龍馬がカギです。空海は、私ドクタードルフィンの過去生です。坂本龍馬も私の過去生です。だから、今回のリトリートは、ものすごく意味があって面天変地異のエネルギーが、私が義経を開いた9月27日から舞い降りて、太陽の光が真っ青になりました。

義経のエネルギーが世界に出たのです。

その瞬間に、義経は頼朝を許しました。

今回は、空海と龍馬がカギです。
空海は、私ドクタードルフィンの過去生です。
坂本龍馬も私の過去生です。
だから、今回のリトリートは、ものすごく意味があって面白いのですね。

白いのですね。

私は何で四国へ来たのかというと、空海と坂本龍馬が私を呼んだ。これだけなのです。そういうことにほかならないのです。

即身成仏

空海の教えは、真言密教です。仏教には、顕教と密教があります。顕教は、どんどん修行して、時間をかけて勉強して悟りを得る。自分を高い境地に持っていくという教えです。

密教は、全く逆なのです。外側を勉強するのでなくて、自分の内面、中へ中へ勉強していって、一瞬で自分を高い境地に持っていくというのが密教の真髄であって、空海の教える重要なキーワードは即身成仏、自分の身を一瞬で仏にさせるということです。その境地を得るために、彼は四国八十八ヶ所を巡って修行しました。

即身成仏とは、自分が本当に幸せであるように生きることです。今、自分がここに生きていて、本当に幸せであるように生きること。私はドキッとしました。私が最近、地球上で皆さんに説いているスーパーハピネスは、今この瞬間が最高であること、過去も未来もなく、自分だけが存在して、自分の内面に入って、幸福を感じることです。それと即身成仏はほとんど同じ境地ではないかと私は捉えたのです。

私は、スーパーハピネスを世界に広げようとしています。今まで地球上で言われてきたハピネス、幸福は、こうだから幸せと感じるという条件つきのハピネスです。私が弥勒の世の中で皆さんに幸福として教えるのは、スーパーハピネス、つまり超幸福、無条件の絶対幸福です。あなたがどんなにみじめであろうと、貧乏であろうと、どんなに不細工であろうと、どんなにぶざまであろうと、どんなにダメだろうと、誰よりも幸福であるという境地です。これは人類が最も修めるべき状態です。

そのために我々は今、四国へ上陸して、きょうは鍾乳洞《しょうにゅうどう》である龍河洞《りゅうがどう》と高知城に行きました。鍾乳洞は、自然の威力を感じます。バスガイドさんはあそこは空海とは関係ないと言いましたが、エネルギーで読むと、空海のエネルギーも乗っていました。ということは、あそこに空海が行っているか、空海が何か思いをはせていたかです。

洞窟の中にいると、即身成仏という感覚が非常につかみやすいのではないかと思いました。光もなく、水だけが垂れていて、誰もいない洞窟の中で、自分だけで1週間私が最近、地球上で皆さんに説いているスーパーハピネスは、今この瞬間が最高であること、過去も未来もなく、自分だけが存在して、自分の内面に入って、幸福を感じることです。

それと即身成仏はほとんど同じ境地ではないかと私は捉えたのです。

ぐらい暮らすと、非常に大きく変わる可能性は高いと思うわけです。物質的に豊かであるからとか、友人がいるからとか、資産があるからとか、そういうことで幸せでなくて、ああいう独特の時空間を経験することによって、1週間後に自分は最高に幸せであると思える境地をつくることが、宇宙生命として最も尊い財産です。人間に限らず、宇宙人にとっても同じことです。

高知城は、上から人を見下ろすために、高く石をつんでつくられましたが、あのころは身分制度があって、力が強い者が弱い者を戒めるという世界でした。今の状況では、身分制度はよくない、みんな平等だ、人をあがめるのはよくないと、評価しません。

しかし、私がああいうところで感じるのは、本当に命をかける生き方です。侍だったら侍が自分の仕事を全うする。商人だったら商人で全うする。それは侍が偉い、商人がダメという話ではない。身分の上下ではなくて、それぞれ自分が選んだ仕事を全うするという生き方があるわけです。

インドのカースト制はちょっとやり過ぎですが、それぞれ自分の持ち場で、どんな仕事をしていようと、例えば石垣を積む職人さんでもプライドを持って、自分にしか石を見つけられない、自分にしか積めないということでやっていたから、ああいう石垣ができたのです。プライドを持って私しかできないという仕事をするときに、いいものが生まれる。そういうものを私は感じるのです。今の社会はそれを感じない。自分の仕事にどれだけの人がプライドを持っているか。やりがいを持っているか。

そういうことで言うと、こういう旅の中でもいろいろ学びがあるのです。今回の旅は、私が龍馬と空海のエネルギーを既に降ろして、私とともにいますから、彼らから教わるところもたくさんあります。

私がこういうふうに話すと、彼らの声として皆さんに伝わることもあるし、彼らの教えとして皆さんに入ることもあるわけです。今回の旅は長いので、いろんな局面でそういうことを伝えていこうと思います。

空海は、周りに影響されるのではなくて、自分の世界だけで生きなさい、そうすると、人間は、皆さんが想像していないような高い奇跡を起こす能力があると教えています。

空海が本当に愛した四国の地を私たちの足で歩いて、感じることは、非常に私たちの力になると思います。

坂本龍馬の名言

坂本龍馬の教えもすごく大事で、彼は上級武士でなくて、下級武士だった。いい思いをしていなかったのです。そこから反骨精神が芽生えて、社会を変えてやろうという気持ちが生まれたようです。

そこでペリーと黒船の影響が大きかった。自分が江戸へ剣術を学びに行っていたときに、ペリーが来航して、その力を見せつけられた。日本の国力がいかに弱いかというのを見せつけられたので、日本はもっと強くならなければいけないという思いを強くした。

もちろん、最初から恵まれた豊かな家庭に生まれてくる人もたくさんいます。そういう人たちはそういう人たちのお役割があるのですが、むしろ子どものころから恵まれずに、人よりもがいて、人よりも地球でいう努力とか我慢をさせられてきた人間は、地球上では、その大きなマイナスのエネルギーを強力なプラスのエネルギーに転じるのです。

坂本龍馬の場合は、そういった反骨精神を我々地球人に教えているということが一つ大きいのと、坂本龍馬はいろいろな名言を残しています。この名言は、我々が弥勒の世を開くのに非常にすばらしいメッセージだと私は捉えているのです。

私は今、弥勒の世を開くぞ、日本から世界を変えるぞとやってきていますが、私は今回、空海のエネルギーを開きます。また、坂本龍馬のエネルギーも開きます。どうしてかというと、彼らの本当の教えがまだ世の中に伝わっていなくて、封印されたままになっているからです。もっと自分の教えが世に出ることを望んでいたにもかかわらず、それを世の中が捉え切れずに終わってしまっている。非常に残念に思っているので、彼らの魂を降ろして、まず封印を解いて、皆さんと一緒にエネルギーを開くことになります。

空海は、即身成仏で、外の世界を学ぶことも、外の誰の助けも要らずに、自分一人の中で全て自分のエネルギーを高くすることができるんだよ、仏の領域に持っていくことができるんだよということを言いました。

龍馬はそれとは違って、いろんな名言を言いました。

私は今回、空海のエネルギーを開きます。

また、坂本龍馬のエネルギーも開きます。

どうしてかというと、彼らの本当の教えがまだ世の中に伝わっていなくて、封印されたままになっているからです。

「日本を今一度洗濯いたし申候」

洗濯したい。これはまさに出口王仁三郎が言った「日本を壊してつくり直さんぞ」と同じことです。

私は出口王仁三郎の過去生があって、龍馬の過去生もあるので、よく考えると、私が言っていることは彼らと同じなのです。何世代にもわたって伝えたい私の魂の声なのです。それが龍馬として世に訴えたときもあれば、王仁三郎として訴えたときもあるし、いろんな形で訴えてきた。

私は最終章として、私のことを誰も理解できない、ついてこれない領域に入りましたから、いよいよ私は世直しを完成させていきます。私しかいません。私でないとできないことです。

龍馬の言う「洗濯」、まさに新型コロナウィルスによって大きく洗濯されてきています。私はイルミナティ、フリーメイソンを書き換えて、彼らを方向転換させましたが、トップが書きかわっても、下の層がまだ根強く粘っていて、コロナウィルスの脅威を大げさに伝えて、ワクチンを打てとか洗脳しているのです。また地球人がこれに乗っかってしまっている。それらが明らかに洗脳であったということに、そろそろ人私は最終章として、私のことを誰も理解できない、ついてこれない領域に入りましたから、いよいよ私は世直しを完成させていきます。

私しかいません。私でないとできないことです。

間が気づいていく道に入ります。そうすると、次元上昇する人間はする、落ちる人間は落ちるという選択、私が言う「ふるい分け」がされます。

「世の人は我を何とも言わば言え　我がなすことは我のみぞ知る」

これは坂本龍馬の有名な言葉ですが、私が言っているのかと思うぐらいです。「私がやることは誰もわからないんだ。私にしかわからないんだ」ということを、彼は江戸時代の言葉で言ったのです。私と全く同じエネルギーです。

「義理などは夢にも思うことなかれ　身を縛らるるものなり」

親子の義理だとか、誰かに世話になったから返すとか、こんなことをやっていたら手順が悪くなる。力のある者が力のない者をサポートするのは世の常であり、宇宙の流れです。された者は、その恩返しはどこにするかといったら、自分が力を持ったら、より力のない者にする。これが宇宙のエネルギーのピュアな流れです。宇宙的にエネルギーの高い人間が低い人間を教えて、エネルギーを上げる。上がった人間は、次に私はイルミナティ、フリーメイソンを書き換えて、彼らを方向転換させましたが、トップが書きかわっても、下の層がまだ根強く粘っていて、コロナウィルスの脅威を大げさに伝えて、ワクチンを打てとか洗脳しているのです。

エネルギーの低い人間をサポートする。そんなものを反対に送り返していたら誰も育たないし、地球社会が進化するわけがありません。

だから、親が子どもを見るのは当たり前ですが、子どもが親を見るということではないのです。それは余計なお世話の場合もある。姥捨《うばす》て山ではないけれども、人間は本当に穏やかに最期を遂げるのが一番いいのです。余計なことをするから苦しんで死ぬのです。食べたくなかったら食べない。歩きたくなかったら歩かない。親子の義理がある。お世話になった人には義理がある。そういうのは余計な義理です。

坂本龍馬がもし義理だけで生きていたら、薩長同盟を結ばせることはできていないし、明治維新の大きな貢献をすることはできませんでした。彼は義理以上に自分の意志、自分の信念を重視したわけです。

ほとんどの地球人は、自分の使命よりも義理とか世間体を重視する。これでは坂本龍馬が伝えたかった世直しはうまくいきません。


「事は十中八九まで自らこれを行い、残り一、二を他に譲りて功をなさむべし」

今の医学部の教授は、本当にすばらしい人格者もいますが、多くの教授は自分の部下に論文を書かせて、最後に自分の名前を入れて、あたかも自分の論文にしてしまうのです。部下はたまったものではない。自分が時間と労力を使って功績を上げたものを教授にとられてしまう。部下は教授に好かれるために一生懸命やるわけです。これは宇宙的に言うと、きれいでないものです。

私がなぜ塾とか、学校とか、こういうリトリートをやるのかというと、エネルギーを伝えて、感じ取っていただきたいのです。感じ取ったエネルギーを、皆さんの方法なりメソッドで世の中に発信してほしいということです。だから、私は、八、九まで皆さんに伝えて、あとの一、二は皆さんにお任せする。最後まで面倒を見ることは、やってはダメなのです。そういうことをやるから人間は成長しない。方向づけだけしておいて、あとは自由に生きなさいというのが弥勒の世の教育、弥勒の世の教え方です。これは龍馬の非常に大事なメッセージです。

「恥ということを打ち捨てて、世の事はなるべし」

自分をさらけ出して、恥と思われても何でも自分の好きなことであれば、自分が興奮することであればやり続けることが、世のために貢献する。これは江戸時代の言葉ですが、これからの時代にものすごく必要なことなのです。

「何の志もなきところにぐずぐずして日を送るは、実に大馬鹿者なり」

皆さんがこれから弥勒の世を歩んで、願わくばリーダーとして周囲を引っ張っていくに当たり非常に重要なことで、志があるから、あなたは馬鹿でなくなるのです。世直しの進化・成長に貢献することができるのです。「志がある」ということは、あなた自身の魂があるということです。

例えば、「みんな『前へ倣え』をしているから、あなたも『前へ倣え』をしなさい。逆上がりをしなさい」と言われて、逆上がりするのは志とは言わない。そのときに、私は前回りが好きなんだ、前回りをすることは楽しいんだ、見てみろと、前回りをすることが大事なのです。

今、地球人は世の中に合わせて生きているから、志がないのです。だから、馬鹿者の集まりがずっと成り立っていたわけです。これからは龍馬の教えが復活してこなければいけません。

「時勢に応じて自分を変革しろ」

世の中の流れは、とくに２０１９年から２０２０年にかけて大きく変わってきました。きょうは10月1日になって、一気に変わりました。私のエネルギーが特別にバージョンアップしています。皆さんが想像することもできない。私の行くところは、おそらく地球人は誰も想像できません。私が世直しをすることは決まり切っているわけです。

ただ、私は宗教家かというと、そうではありません。これで宗教家だと困るのです。宗教家は、「私についてこなかったら不幸になるぞ。どうするんだ。全員私についてこい。私の教えが正しくて、ほかは全部間違いだぞ」と言います。宗教家との違いは、私は一番高い次元の教えをして、それを受け入れたい人は受け入れてください。まだ受け入れたくて、もっともがいて自分を進化・成長させたい人は、そちらの方向に行ってください。私はそれを皆さんの選択に任せている。それが全然違うところです。それが新しい地球のリーダーとしてあるべき私の態度です。

今、地球人は世の中に合わせて生きているから、志がないのです。
だから、馬鹿者の集まりがずっと成り立っていたわけです。
これからは龍馬の教えが復活してこなければいけません。

「丸くとも一かどあれや人心　あまりまろきはころびやすきぞ」

私がいつも言っているように、皆さんがジグソーパズルにおいて、丸いピースになったら、すき間だらけで世の中は成立しないのです。弥勒の世は、ジグザグのそれぞれの形のワンピースが寄り合って、完全に組み切って融合して、愛と調和になるわけです。あまり丸くなっちゃダメだぞ。転びやすいぞ。角があると転ばないんだぞ。この時代だから、より一層振り返って捉えるべき教えです。

「俺は議論はしない。議論に勝っても人の生き方は変えられぬ」

脳ポイ、脳を使って生きてはダメだということを、彼は違う言い方で言っています。つまり、議論というのは脳を使った思考で相手を負かすことです。思考で負かしても、魂的に負かしたことにはなりません。相手の魂に影響して、魂を変えてやることが、宇宙的な愛なのです。議論で自分が勝って相手に教えてやっても、あなたが得するものは何もないのです。エゴの心が一瞬、満足するだけで、魂の成長には何もつながらない。

つまり、議論というのは脳を使った
思考で相手を負かすことです。
思考で負かしても、魂的に負かした
ことにはなりません。
相手の魂に影響して、魂を変えてや
ることが、宇宙的な愛なのです。

議論でなかったら、何で勝つのか。いかに魂を感動させるかということです。相手の脳にダメージを与えて、自分の脳を喜ばせて勝つのでなくて、いかに感動を生み出すか。誰かとコミュニケーションしたり、自分で仕事をしたり、何かアクションしたときに、自分が生きている宇宙に、自分に対しても、自分の周囲に対しても、いかに生きる喜びと感動を生み出すか。これが、これからの弥勒の世で非常に重要な人間の資質になります。

今まで3次元の世の中で人間が評価されてきたのは、いかにお金をつくるか、いかに高い肩書をつくるか、いかに世間の評価を得るかでした。これが今までの地球の社会の評価だったのです。そこには必ずお金が絡んできます。

でも、これからの弥勒の世では、そうではなくなります。いかに人の人生や健康に、つまり、その人の生きる宇宙に喜びと感動を生み出させてあげるか。あるいは、その社会、共同体にあなたが存在すること、あなたが行動することで、いかに喜びと感動を生み出すかということが、弥勒の世においては非常に重要な人間の資質になります。

いかに人の人生や健康に、つまり、その人の生きる宇宙に喜びと感動を生み出させてあげるか。

あるいは、その社会、共同体にあなたが存在すること、あなたが行動することで、いかに喜びと感動を生み出すかということが、弥勒の世においては非常に重要な人間の資質になります。

空海と龍馬のエネルギーを開く

空海と龍馬の教えは、その時代においては、何となくすばらしいと感動して終わっていたと思います。NHKの歴史ドラマでも、そういった言葉が時どき出ていたと思いますが、今こそ彼らの残した言葉、メッセージを振り返り、私たちが多くの魂をステップアップするときに役立てていくときです。

まさに空海が伝えてきたこと、坂本龍馬が伝えてきたことは、私が伝えることにほとんど一致していることに私は気づいたのです。

結局、龍馬の時代も、空海の時代も、レムリアの時代も、アトランティスの時代も、縄文の時代も、鎌倉時代も、どんな時代も、私は常に宇宙の教え、神の教えを教えたくて発信してきました。今、振り返ると、自分の中ではすごく感慨深い思いが芽生えてきます。

私は、この地球でそういうメッセージをこんなに投げてきたのか。ずっと投げてきまさに空海が伝えてきたこと、坂本龍馬が伝えてきたことは、私が伝えることにほとんど一致していることに私は気づいたのです。

結局、龍馬の時代も、空海の時代も、レムリアの時代も、アトランティスの時代も、縄文の時代も、鎌倉時代も、どんな時代も、私は常に宇宙の教え、神の教えを教えたくて発信してきました。

た思いが届かず、何をやってきたのだろう。いろんな立場をとって、いろんな人物としてこの地球に存在し、活動し、いかに本当に伝えたかったことが伝わらずに来たか。だから、最後に世直しとして、新型コロナウィルスがあらわれないといけなかった。まさに政治と経済が大きく生まれ変わるときに、一回破綻しないといけないという場面を、今、迎えているのです。

5泊6日の長いスーパー修学旅行で、あしたから、一人ずつの望みを聞いて、特別にDNAコードを書き換えてあげるという超ゴージャスな特典をやっていきますが、きょうは、まず最初に、5泊6日の四国へ臨む皆さんの魂の態度をしっかりと整えておいてほしい。

つまり、空海が本当に伝えたかった魂を感じながら、龍馬が思い半ばで世を去った魂の叫びを受け止めながら、私たちは彼らの魂を今ここそこに呼び起こし、私たちがそれを携えて、ところどころの地に行ってエネルギー開きをすることによって、私の過去生として、先日、エネルギーを開いた義経同様、大きく世直しのサポート、力添えになってくれるだろうということが、このリトリートのすごい意味なのです。

私は、まず空海のエネルギーを癒やします。空海はもちろん全てスーパーハピネスで亡くなったわけではないのです。空海は教えを自分の態度、行動で示しました。し私は、まず空海のエネルギーを癒やします。
空海はもちろん全てスーパーハピネスで亡くなったわけではないのです。
空海は教えを自分の態度、行動で示しました。
しかし、本当に伝えたいことは完全に伝わらずに、思い半ばで終わっています。

かし、本当に伝えたいことは完全に伝わらずに、思い半ばで終わっています。

龍馬もまさに同じで、自分が本当に伝えたかったこと、やりたかったことは、命を落とすことによって成し遂げられずに終わってしまった。

弥勒の世の定着は、私たち人間だけでは成し遂げられません。人間以上のエネルギーを持った存在たちのサポートがないとできません。そのために、義経は非常に大きいサポートになりました（２０２０年9月に、義経堂にて、義経の魂を癒やし、開いた）。

今回は空海と龍馬、四国の二大巨頭のエネルギーを癒やして開きます。私が開くことを、彼らは準備して待っていました。きょう、クロアゲハチョウのつがいを見ました。ようこそいらっしゃいと近くに飛んできました。あれはクロアゲハチョウが空海、黄色いアゲハチョウが坂本龍馬で、お出迎えになったのです。感動しました。

では、私のエネルギー体である空海を開きます。

私のエネルギーのもとにあり、私をいつもサポートしてくれている空海に、私がいつも見守ってもらっていることに感謝と喜びを伝えたいと思います。あなた、空海の思うところが世に伝えられず、あなたは無力感で非常に悲しい思いをされた。あなたを癒やさせていただいて、これから弥勒の世のサポートをしていただきたく思います。

空海よ、癒やされたまえ。空海よ、この世に出て、弥勒の世の促進に力をかしたま今回は空海と龍馬、四国の二大巨頭のエネルギーを癒やして開きます。

私が開くことを、彼らは準備して待っていました。きょう、クロアゲハチョウのつがいを見ました。

クロアゲハチョウが空海、黄色いアゲハチョウが坂本龍馬で、お出迎えになったのです。感動しました。

え。

（空海のエネルギーを開く）


今、空海が封印から解けて、クロアゲハチョウが羽ばたいています。

次に、私のエネルギー体である龍馬へ。

あなたは非常にすばらしい志があったにもかかわらず、時代の集合意識として犠牲になり、悲しみ、怒りを持って封印されていました。今こそあなたが出るときです。

あなたが出て、あなたの思いを、お力を、弥勒の世の実現に使っていただきたいのです。

坂本龍馬よ、怒りと悲しみの封印を解きたまえ。そして、私が開く弥勒の世の広がりと、促進と、定着に、あなたの本気の世直しのお力をかしたまえ。


（坂本龍馬のエネルギーを開く）


空海なり。

坂本龍馬なり。

さあ、全て私たちのもとへ蘇《よみがえ》った。バージョンアップした。魂が次元上昇した。

空海と龍馬がまさに弥勒の空海、弥勒の龍馬として、皆のもとに降りているぞや。

サヌカイトのプレゼント

あなたにきょう授けるプレゼントは、四国讃岐の石サヌカイトじゃ。非常にいい音が鳴る。空海の血が、空海の印が石に入っておるぞ。

弘法大師空海生誕の地である香川県に産する非常に緻密《ちみつ》な安山岩を、ドイツのナウマン氏の親友が、「讃岐の石サヌカイト」と命名。中でも、蘇り伝説を有する八十場《やそば》の霊泉、行基《ぎょうき》が開き、空海が整え修行した四国霊場七十九番札所天皇寺《てんのうじ》の鎮座する坂出市の聖地金山「けいの里」のサヌカイトはさらに純度が高く、澄んだ音色は天上の鐘と称《たた》えられます。闇を切り開く鋭いエネルギーで邪悪なエネルギーを断ち、精神性、洞察力、霊性、慈愛の精神を深める漆黒の霊石に、空海と弥勒菩薩《ぼさつ》を示す「ユ」という梵字《ぼんじ》を彫り上げ、守護のエネルギーを高めた石である。

まさに弥勒の空海、弥勒の龍馬よ、降りたまえ。一人ずつとりにいらっしゃい。最高の石です。空海の、龍馬のエネルギーを感じなされ。

皆さん、この石と、私が今蘇らせた令和の弥勒の空海と龍馬のエネルギー。バンザーイ、バンザーイ、バンザーイ。

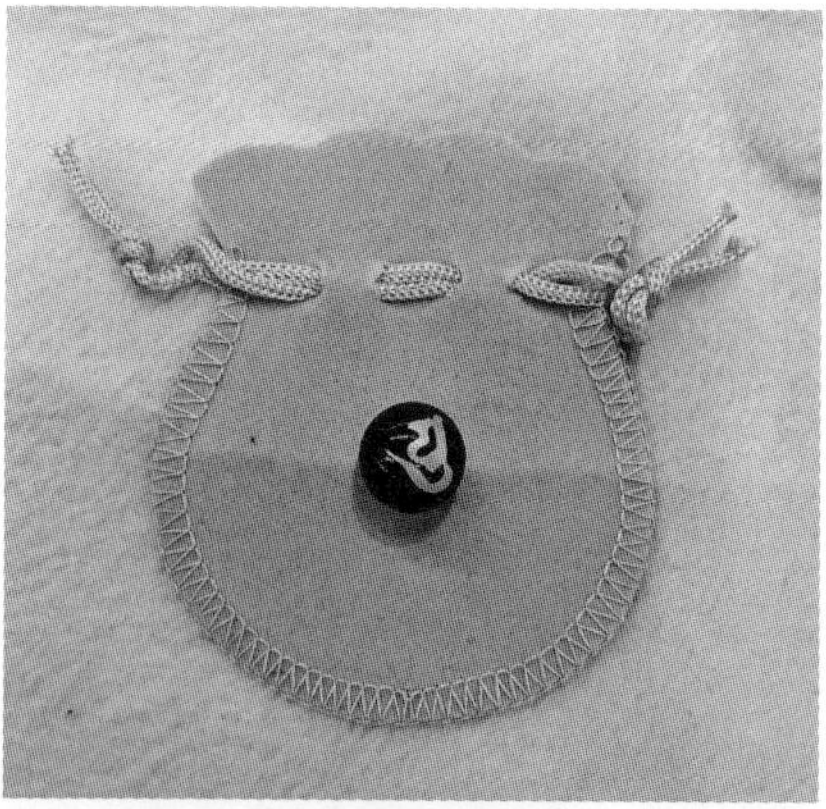
梵字を彫った讃岐の石「サヌカイト」

Part 2

あなたのDNAを
スーパーハピネスの
DNAコードに
全部書き換えます！

秋の高知・愛媛

高次元☆修学旅行

2日目

高次元DNA書き換えワーク

松久　きょうは、まずお一人ずつ、皆さんがどういう自分になりたいか、変わりたいかということを聞きます。本当は変わることを目指してはいけないのです。自分は変わるものは何もないという状況に皆さんになってもらわないといけないのですが、そうは言っても、皆さんは「変わりたい病」からなかなか抜け出せない。仕方ないから、皆さんにどうなりたいかを聞いて、その場でDNAを書き換えます。

参加者A　僕は、お金に愛されたいというのが一番大きい。

松久　お金にあなたは興味があるのね。お金を自分でもっと持ちたい。

私は、このリトリートの期間に変えたい一つのテーマを毎回書き換えていきます。例えば、自分はお金がもっと欲しいという場合に、リトリートの間皆さんは「変わりたい病」からなかなか抜け出せない。
仕方ないから、皆さんにどうなりたいかを聞いて、その場でDNAを書き換えます。

に皆さんが私の授業を聞いたり、いろいろ体験して成長して、お金に対する今の考え方が最終的にどう変わるか。何か変化が欲しい。

あなたは、現時点で言うと、今生に生まれてきた理由を克服していない。つまり、あなたは体裁を取り繕うのがうまくて、クールに見えるけれども、実は不安と恐怖がいっぱいなの。不安と恐怖がもともと魂にいっぱいで、今生を生きることでそれを克服し、クリアしに来ているんだけれども、あなたは周囲の見る目、評価を非常に重視するために、そこに意識を置いてしまうために、不安と恐怖があることを隠している。

だから、それを隠さずに、自分のピュアな部分を生きて、今を一生懸命生きることによって不安・恐怖が消えていく。不安・恐怖を消そう、消そうとすると余計に不安になる。人の見る目でなくて、自分の見る目で生きる。これこそ龍馬の生き方です。空海もそうだと思うけれども、とくに龍馬の生き方をしようとしているから、あなたは来たのね。

書き換えるよ。不安と恐怖を減らすためのＤＮＡコードを入れます。

参加者B　私は、いろんなリトリートの会に参加しても、何も感じない。何もわからない。常にわからないままで、自分軸がないんだと思うので、その点を書き換えたいです。

松久　あなたは、前に違うことを言っているかもしれません。それはなぜかというと、時空間であなたのテーマが変わるからです。魂のあり方が変わるから、私が介入すると変わっていきます。今のあなたが地球で生きているテーマは、自分を正しく知ることです。純粋に、ありのままに表現することを学ぶ必要があって、あなたは生きているのです。

でも、あなたは自分をどう見せるべき、どう生きるべきばかり考えていて、「今ここ」の自分は全くないのです。あなたは心に架空の自分ばかり想定して、こう生きるべきと思っている。

あなたは、そのままで生きていればいいのです。何も理解しない、何もわからないんだったら、自分を称賛したらいい。私がいつも言っているとおり、私のリトリート、教え、本を読んで、何もわかる必要はない。かえって、わかってもらっては困る。わかる人はあまり入らない。あなたみたいにわからないほうが入りやすい。それを否定しているからダメなのです。わからない自分は、それでいいんだと大絶賛しなさい。

あなたは自分をどう見せるべき、どう生きるべきばかり考えていて、「今ここ」の自分は全くないのです。

あなたは心に架空の自分ばかり想定して、こう生きるべきと思っている。

あなたは、そのままで生きていればいいのです。

書き換えるよ。そのままで自分を生きて、そのままを称えなさい。

参加者C　自分の魂が喜ぶことにお金を喜んで使わなくちゃいけないのですけれども、そのお金たちが友達をたくさん連れてくるようになりたいので、お願いします。

松久　あなたは、自己愛、自分を愛で包むために今生に生まれてきているのです。あなたの中では、自分が愛されるためにはあなたは何かを表現しないと、その表現をするにはお金を使わないといけないという条件つきなのです。条件つきというのは、本当の愛ではない。本当の愛は何も表現しなくてもいい。お金がなくても、あなたは愛でいっぱいということを最終的に学ばなければいけない。常に手放す。あなたが自分の愛に満たされるためには、自分の愛で周囲を包むためには、こうあらねばいけないというのが邪魔なのです。周りのものは勝手についてくるからね。
　サポートするよ。（書き換え）

参加者D　僕は、好きなことをやる時間をもっと欲しいです。

松久　あなたは、自分が理想的に生きるために、生きがいを持つためには、こうあらねばいけない、もっと自由な時間がないといけない、自由でないといけないと思っている。つまり、あなたは今のままで自由がないところで生きることにすごく不安を持っている。でも、あなたは見せかけ上、全く逆をやるのが得意だから、不安を持っていない自分を見せるのが得意なの。あなたは不安を持っているのをごまかしている。それを昇華するためにやっている部分もある。

実はあなたは不安・恐怖を解消するためにこの世に来ているのだから、そのためには何をやったらいいかというと、自由というものは求めたら自由にならない。不安があるままのあなたを見せる、不安だらけの自分を見せて生きることで、自由が勝手に生まれてきます。

サポートするよ。（書き換え）

参加者E　ハート全開で、自分の壁を突き抜けて、天と地とつながっていたい。

松久　あなたは格好いいことを言うようになったね（笑）。格好だけはついあなたは不安・恐怖を解消するためにこの世に来ているのだから、そのためには何をやったらいいかというと、自由というものは求めたら自由にならない。

不安があるままのあなたを見せる、不安だらけの自分を見せて生きることで、自由が勝手に生まれてきます。

てきたけど、中身はどうかな。

あなたは最初は不安と恐怖ばかりで、それをテーマに修行してきた。私とつき合ってきたおかげで、テーマはバージョンアップして、スケールアップしている。あなたが今言ったとおり、愛が大事なんだけど、愛を語るためには宇宙とつながらないといけない、地球とつながらないといけない、人間関係はこうでないといけない、自分の感情はこうでないといけないと自分を否定ばかりしている。否定ばかりしていると、条件だらけの状況になって、愛が届かなくなるのです。愛というのは無条件に咲いてくるのです。愛は、あなたが種を植えて、水をやるものではない。あなたがあなたを生きるものです。あなたがあなたであり続けると、勝手にあなたの中に愛が咲いてくる。あなたはわからなくていい。

はい、書き換えます。

参加者F　私は、自分を100%客観視して、「今ここ」を生きる。

松久　皆さん、僕が言ったことを最後までよく覚えていないとダメですよ。読むのは最初の1回目だけで、あとは3回書き換えます。それを書き換えた

人間関係はこうでないといけない、
自分の感情はこうでないといけない
と自分を否定ばかりしている。
否定ばかりしていると、条件だらけ
の状況になって、愛が届かなくなる
のです。
愛というのは無条件に咲いてくるの
です。

後、このリトリートを体験しながら、あなたの感じ方、感性がどう変わったかというのを最後に伝えてほしいのです。

「今ここ」を生きたい、生きる力を上げたいと思うのですね。あなたの場合は、ホワイトホールは意外と持っているのです。すばらしいと思う。ただ、あなたに欠けるところは、自分の価値を非常に低く置いている。自分はあまり価値がない人間だと受け取っている。これは魂が喜ばない。あなたは価値がいっぱいだということを求めてきている。そのために、あなたは生きがいを持たないといけない、自分の生き方をしないといけないと肩に力が入る。

自己の存在意義は生きがいとか生き方から生まれるものでなくて、あなたが今言ったように、「今ここ」を感じ切ることからです。感じ切ることで何が大事かというと、私がここにいることで植物たちも喜んでいるし、海も山も喜んでいるし、目に見えない存在たちも喜んでいる。私にはそういう力がある。「今ここ」を生きるというのは、そういう自分の価値を認めることです。

それでは、書き換えます。

参加者G　前回、お金のことを相談させていただいたのですけれども、ここに関しては、かなり改善された。お金がやってくるような感じになっていますので、次はお客さんに対するサービスを向上したいと思いまして、松果体を活性化していただいて、インスピレーションが響くようにしていただきたいと思っています。

松久　あなたはお金のこともそうだけれども、人間とのつき合い方、コミュニケーションの仕方、今あなたが考えられている宇宙において、コミュニケーション能力があなたは少し不安なのです。ちょっと不十分です。地球というところはコミュニケーションが非常に難しい場所で、お金とのコミュニケーション、人間とのコミュニケーションを学んできた。しかし、あなたは頭ばかりで考える。お金とのつき合い方も、人間も、こうあるべきだ。頭で考えてあなたが出す答えは、大したエネルギーを持たない。

私が本や講演会でいつも言うように、お金にしても、人間にしても、つき合い方は愛と感謝です。お金に愛と感謝を与える。そうしたら、お金は愛と感謝としてあなたに戻ってくる。人間に愛と感謝を乗せてやる。その人間は愛と感謝をあなたに降り注ぐ。つまり、愛と感謝です。どっちが得する、損するということではありません。あなたの魂が望むことは全部得なのです。

　書き換えます。

参加者H　私は、お米づくりを楽で愉《たの》しくやりたいのですが、なかなか実現できません。よろしくお願いします。

松久　あなたは、今のテーマ、今の状態に関して言うと、力強く安定して生きるということを学びに来ている。あなたは、そのために地球の大地とコミュニケーションする生き方を魂が選んでいるのです。

　その仕事がうまくいくためには、自分の技術を磨かないといけない、お金をつくらないといけないと、やっぱり地に足がついていない。お金がなくても、自分の知識技術がなくても、あなたは地球、大地と結婚しないとダメなの。地球と心中しなさい。地球が死んだら、あなたも死になさい。そういう生き方をしたらいい。そうしたら、地球が応援するから。

　はい、書き換えます。

参加者I　1冊目の本を出しましたが、2冊目、社長はこれを大切にして生お金がなくても、自分の知識技術がなくても、あなたは地球、大地と結婚しないとダメなの。

地球と心中しなさい。

地球が死んだら、あなたも死になさい。

そういう生き方をしたらいい。そうしたら、地球が応援するから。

きるんだという本を出すことを決意して、スタートしています。この本に私のエネルギーを乗せて日本全国に配りたい。

松久　あなたが今、地球に生きるテーマとして最も大事なのは、あなたのエネルギーを表現することです。しかし、あなたは活字とか内容が人をつくるという考えを持っている。それは間違ってはいないけれども、もっと宇宙的な視野が必要であって、あなたのエネルギーが活字になる。あなたのエネルギーが内容になる。活字とか内容はどうでもいいものです。大したことが書いてなくても、エネルギーが高い本は売れます。

あなたは自己表現は本当はわからないと思うけれども、まずあなた自身がどう存在しているかが本になる。あなたはまだ、自分はこう見せたい、自分はこうでないのにこう見せたいという部分がずれていると思うのです。だから、直球の自分を見せる。直球勝負です。

では、書き換えのサポートです。

参加者Ｊ　私は、例えば気に食わないものとか嫌いなものを全て受け入れて、いつでも愉しく生きていられるようになりたいです。

松久　今ちょっと感心したのは、今、彼の生きるテーマは、自分の生きる道とか自分の使命、生きがいということにバージョンアップしている。すばらしい。その人類の中に彼は入ってきた。

彼はボーッとしていて、そんなふうには見えないけれども、実は魂は結構上がってきている。何がそうさせるか。彼のピュアなところだ。誰かさんみたいに、私から何かを学ばないといけないとか、何がいいとか、そんなことは考えない。たぶん私と一緒にいれば大丈夫だろう、成長するだろうと直感で捉えているから、彼は純粋に育ってきた。

あなたの生きがいとか自分の生きる道、使命は、嫌いなものを好きになったり、受け入れようと思うと、受け入れられない。

大事なことを言うと、嫌いな人を無理に好きになろうと思ってもなれない。嫌いなものは許せない。まず、嫌いなものは本気で嫌いなさい。皆さん、中途半端に嫌ったりするから、何もわからない。思いっきり嫌いだったら、クソッ、この場で死ねと、あなたの中で抹殺したらいい。抹殺した後に、あなたはすきっとするから、そこで、でも僕に大事なことを学ばせてくれたのは何かなと、一度振り切った後に、生まれてくる。

大事なことを言うと、嫌いな人を無理に好きになろうと思ってもなれない。
嫌いなものは許せない。
まず、嫌いなものは本気で嫌いなさい。
思いっきり嫌いだったら、クソッ、この場で死ねと、あなたの中で抹殺したらいい。

あなたが望むことは、振り切らないといけない。あなたはいつも中途半端なところで、自分はこの道でやっていかなきゃいけないと思っている。逆に、振り切る勇気と力が欲しい。そうしたら、自然に生きがいとか使命が生まれてくる。

では、書き換えます。

参加者K　私は、自分だけに愛を注ぎたいです。よろしくお願いします。

松久　今生のあなたのテーマは自己愛、自分を愛で満たすことです。あなたがどうしてそれができないかというと、愛というものを頭で考えて、こういうものだ、こうすることだ、こういう状態だと、愛をあなたの脳で設定するから、あなたは愛を捉えられない。自分を愛する必要もありません。既に愛している。既に愛している自分を許せばいい。あなたは何もする必要はない。

具体的に簡単なことを言うと、息を吸って吐く。酸素を吸って二酸化炭素を出す。植物がまた酸素に変えてくれる。あなたは1秒後も存在し、あしたも存在している。あなたは、自分の意識というものを、存在を感じている。あなたは自分が大嫌いだとしても、それは愛の塊でしかない。大嫌いな自分も愛している。自分を嫌っていても、自分は愛を注いでいる。嫌いでも、どうしようもない自分でも、あなたがあなたを選び、あなたがあなたとして存在していることは、宇宙的世界では、愛そのものです。あなたは何も要らない。手放せばいい。

ここで、書き換えて、サポートします。

参加者L　楽で愉しく、ぷあぷあした気持ちが持続するようになりたいです。

松久　あなたはなぜそういう状態がつくれないかというと、長年生きてきた今まで、常に格好いい、こうありたい。そのためには、こう生きるべし、こうあるべしと、常にあなたは「べし」を生きている。

ぷあぷあにしても、楽で愉しいにしても、そういう状態になるのはどういう存在か、一つだけ言えることがある。あとは言えない。一つだけ言えることは、そうなりたいと思っていない。なろうと思ったことも一度もない。

だから、「ぷあるためにはどうしたらいいんですか。楽で愉しくなるためにはどうしたらいいですか」と私に質問する人は、ならない。なりにくい。なったとしても非常に時間がかかる。

そんなことを考えるより、「今ここ」の自分は最高の自分だと受け入れて、「今ここ」の自分を愉しんで、大事にしている。「今ここ」の自分を受け入れて無条件の愛を注いでいる人間が、いつの間にか自然にぷあっている。人から「ぷあっている。楽で愉しく生きているね」と言われる。私は、楽で愉しく生きていると自分で思ったことがないし、ぷあっているとも思ったことがない。みんなが言うから、「そうだよ」と話しているだけです。

なろうと思うことはならない。なろうとしない。なろうとすることは、架空の自分ばかりに意識をフォーカスしている。なろうとしたら、既になっている自分と切りかえる。そのために「今ここ」を生きるだけです。

何人かの皆さんの夢を聞いて、アドバイスした上で、ＤＮＡを書き換えました。地球で最も高い次元のアドバイスで、これだけであなたは来た価値があるけれども、さらに皆さんにアドバイスをした上で、その場で書き換えるというかつてないプロセスが、私から皆さんへのギフトです。

誰もがする質問は、皆さんは、あなたの宇宙が望む、あなたの魂が望む自分ではないということです。あなたが今ここに置いている意識エネルギーが

「今ここ」でなくて架空の自分、こうなりたい自分、こうならないといけない自分ばかりフォーカスしている人は、宇宙の大もととは完全に途切れている。

宇宙のサポートを得ない。

だから、ずっともがき続けているのです。

軽過ぎるわけです。

あなたの意識エネルギーが低過ぎるということは、「今ここ」のエネルギーに置いている自分がないということで、宇宙の大もととつながって連動するエネルギーが低いのです。「今ここ」でなくて架空の自分、こうなりたい自分、こうならないといけない自分ばかりフォーカスしている人は、宇宙の大もととは完全に途切れている。宇宙のサポートを得ない。だから、ずっともがき続けているのです。

私がサポートしたのは、あなたが望む自分は既にあなたの中にあって、あなたが将来とか過去を生きずに、「今ここ」にフォーカスし続けることで、その望む自分がいつの間にか自然に存在してくるということです。

参拝中にシャツが白く光って見えなくなる

空海が悟りを開いた御厨人窟でエネルギー開き

さあ、2日目の夜です。

きょうは室戸岬の御厨人窟《みくろど》、空海が19歳で修行して悟りを開いたと言われるところに行きました。きのう、私が、空海のエネルギーを癒やして開いたわけですけれども、さらにその魂が生まれた場所、空海がまさに目覚めた場所でエネルギー開きをしました。私のシャツが白く光りました。

さらに、四国霊場二十五番札所の津照寺《しんしょうじ》で空海にご挨拶しました。参拝している私の服が写真で、真っ白に光っていますね。次元が変わるときは、服の色も変わるし、体が全く消えてしまったりするのはよくあることです。彼のエネルギーが出て、それが広がるということです。

きのうお話ししたように、私の過去生はいっぱいあるわけです。私は、地球のキーとなった過去生はほとんど持っているとお話ししましたが、もちろん空海の過去生があり、龍馬の過去生があるということで、きのうの夜、早速、彼らを降ろして開いたわけです。

きょうは、まず空海のエネルギーの足跡を追いました。宇宙であったら、その場に行かなくてもエネルギーでコンタクトできますが、地球は次元が低いからその場に行ったほうがエネルギーが強くなるので、行って彼にご挨拶して、エネルギー開きをしてきました。

今回、カギとなるのは、新しい世の中を生きる力です。今までは、事をなすには準備をして、自分の周りにあるものを勉強して、それらのエネルギーを自分の味方につけて、大きく変身しなさいという教えだった。これは仏教でいう顕教です。片や空海の真言密教は、即身成仏、自分を内観することによって、自分の大もとのエネルギーとつながることによって、あなたは一瞬で仏のレベルになることができる。

空海は、その時代では飛び抜けていたのです。そんなことを言われても、庶民はついていけなかった。だから、それを教えるためには、彼は態度で示すしかなかった。口で言っただけでは彼らは信用しない。そんなことはあり得ないとしてしまった。

今、私が言うゼロポイントにおいて、ブラックホールに入ってホワイトホールから出る。異次元に入って、違う自分を出してくる。一瞬で変わる。私が言っているとお今回、カギとなるのは、新しい世の中を生きる力です。

今までは、事をなすには準備をして、自分の周りにあるものを勉強して、それらのエネルギーを自分の味方につけて、大きく変身しなさいという教えだった。

これは仏教でいう顕教です。

片や空海の真言密教は、即身成仏、自分を内観することによって、自分の大もとのエネルギーとつながることによって、あなたは一瞬で仏のレベルになることができる。

空海は、その時代では飛び抜けていたのです。

りのことを、彼はその当時から、その言葉で言っていました。すばらしいことです。そのために彼は四国八十八ヶ所を回って、示そうとした。
しかし、現代を見ると、彼の教えが広まったかというと決してそうは言えない。広がらなかったのです。彼はそれを悔やんでいたから、私はそれを癒やさせていただいた。これからの弥勒の世は、愛と調和、個の強化と融合である。それらを開いて、促進していくためのお力添えになってもらうということを今しているわけです。
あしたは桂浜に行って、龍馬のエネルギーにご挨拶して、彼のエネルギーを再度開くのですが、彼は「日本を今一度洗濯いたし申候」と、江戸時代末期に言っていたのです。そして、義理にこだわっていてはダメですよ、自分のやりたいことをやったら、周りが後で認めていく。周りが認めることをやっているから、あなたたちは何も変えられない。脳で論ずることでは何も変わらない。あなたの魂を見せつけることが大事だと言っていたというお話を、きのうしました。

「あえて言う。人間には基本的人権も平等もない」

私は、今朝起きたときから、空海と龍馬のエネルギーが私の中でさらに開いてしまあしたは桂浜に行って、龍馬のエネルギーにご挨拶して、彼のエネルギーを再度開くのですが、彼は「日本を今一度洗濯いたし申候」と、江戸時代末期に言っていたのです。

ったので、非常にハイステージになりまして、朝食のときも彼らのお話をしました。

これは私が初めて言うと思うのですが、弥勒の世というのはレムリアのエネルギーです。愛と調和。今の世の中、テレビ、インターネットなどのメディアや、SNS、世間の話を見ていてもわかるのは、弥勒の世界から全く遠ざかってしまっています。

私は、世界が全部敵になるようなことを、あえてズバリ言うわけです。世間の誰かが「いいね」、「そうだね」というようなことばかり言っているから、地球社会は変わらない。

まず、基本的人権なんかありません。動物を見てごらんなさい。生まれてすぐ死んでいくものもあれば、生きるものもある。恵まれているものもあれば、恵まれていないものもある。

人間は平等である。そんなことはあり得ません。人間も、動物も、昆虫も、植物も全て、役割を持って宇宙から生まれてきます。貧しい役割、富む役割、病気の役割、不自由な役割、健康な役割、自由な役割。だから、レムリアの世があったわけです。全て違うコマがあったから、絡み合って社会が機能するわけです。

人間は平等だとか、誰でも生きている権利がある、生活保護とか、会社救済とか世間では言いますが、潰《つぶ》れるべきものは潰れるのです。生活できないものは生活できなこれは私が初めて言うと思うのですが、弥勒の世というのはレムリアのエネルギーです。愛と調和。

今の世の中、テレビ、インターネットなどのメディアや、SNS、世間の話を見ていてもわかるのは、弥勒の世界から全く遠ざかってしまっています。

いのです。それは自分の魂がシナリオとして設定したストーリーでもあるし、そうでないとしても、それはあなたが糧として気づいて、学んで、進化・成長するために必要な課題をやっているわけです。

龍馬が教えるように、本当にあなたの魂を燃やすものは何か。あなたの中で燃えるものは何か。

今、社会が示すのは、こういう人間になりなさい、こういう人間になって当たり前、誰もが朝昼晩、ご飯が食べられて、誰も食いっぱぐれがなくて、誰もが勉強できて、誰もがお仕事につけて、誰もが子どもを持ったまま収入を得られる。「いいかげんにしなさい。ヨシコちゃん」と、ここでヨシコちゃんが出てくるわけです。そんな生き方をしているから、「そんなのへのカッパだ」とか言われてしまう。

地球は、宇宙社会の中では低い3次元の遅れた文明を持っています。でも、皆さんはがっかりする必要はありません。宇宙の中にわざと低い次元の星を設定して、宇宙の戦士たちが、宇宙の魂たちが、自分を磨きに来る場所なのです。もがくことによって気づいて、学んで、エネルギーを上げに来る。次元上昇させに来る。

でも、わざと低い設定をした地球にふんぞり返って、あたかもそれが当然のように、正義のように生きている今のメディア、政治家たち、権力者たち、学者たちは、全部地球は、宇宙社会の中では低い3次元の遅れた文明を持っています。

でも、皆さんはがっかりする必要はありません。

宇宙の中にわざと低い次元の星を設定して、宇宙の戦士たちが、宇宙の魂たちが、自分を磨きに来る場所なのです。

アンポンタンです。

アンポンタン、わかりやすい。わかりやすくないと、かっこいい言葉で伝えようとしても真実が伝わらない。私が「彼らはアンポンタン」とフェイスブックに書いていると、メディアはそういうのをピクピクッと察知してきます。私はさらに、「本当のことだもん」と書いています。

人間は、究極的には、食べなくても生きていけるようになります。なぜかというと、生命振動数、バイブレーション、波動が上がってくると、出口王仁三郎が予言していたように、人間は水晶化します。炭素構造から珪《けいそ》素構造に入ります。松果体の働きによって宇宙の叡智が入って、食物から炭素由来の栄養素をとる必要がなくなります。日光を受けていれば生きていけるようになります。

眠らなくてもよくなります。そもそも人間が進化してくると、夜、魂が抜群に目覚めるのです。DMT（ジメチルトリプタミン）という麻薬性物質が出るのが夜2時から4時で、宇宙とつながる時間です。

小説家であるあなたがいい仕事をしようとするなら、この時間にやりなさい。この時間にあなたがやりたいことをがむしゃらにやることで宇宙とつながって、あなたが予想もしない能力を生み出すことができます。昼間は太陽を浴びて気持ちよく寝る、人間は、究極的には、食べなくても生きていけるようになります。

なぜかというと、生命振動数、バイブレーション、波動が上がってくると、出口王仁三郎が予言していたように、人間は水晶化します。

夜中に働くというのが、人類が進化する最適な生き方です。

『イルミナティとフリーメイソンとドクタードルフィン』（ヒカルランド）という私の本が2020年に出ました。でも、私は抹殺されていません。今までそういうところを衝いた人間は瞬殺されてきた。量子学的に心臓麻痺《まひ》で殺されてきた。私が何で死んでいないかというと、彼らのスーパートップ、0・01％を書き換えるエネルギーを有しているからです。イルミナティ、フリーメイソンの本当の企みを牛耳っているのは0・01％、1万人に1人で、99・99％は全く知らない。自分たちは愛の慈善団体だと考えています。彼らに罪はない。0・01％のスーパートップが全部操っている。人間が昼間動いて夜寝るようにしたのも、もともと彼らの仕組みでもあるのです。

昼間はビジネスタイム。これは最悪です。お弁当を食べて、1時から2時ごろは眠たくなります。あれは人間の素直な反応で、寝てしまったらいいのです。上司に怒られたら怒られて、クビになっちゃったらいいのです。なぜかというと、働く時代は終わってくるからです。弥勒の世は義務で働くことはしなくなるから、働きたいときに働いて、そうでないときは寝ている。それで社会は十分回ります。

もう一つ大事なことは、それぞれの宇宙の星から持ってきたエネルギーのジグソーパズルが全く違うから、それぞれが本当にやりたいことをやれば、人とかち合わない。

眠らなくてもよくなります。
そもそも人間が進化してくると、夜、
魂が抜群に目覚めるのです。
DMT（ジメチルトリプタミン）という
麻薬性物質が出るのが夜2時から4
時で、宇宙とつながる時間です。

あなたはこれができる、私はこれができる、全部絡み合って助け合える。それでギブ・アンド・テークになって、お金というものが介在しなくなります。自分の能力を提供することによって、自分が持っていない能力をもらうというギブ・アンド・テークです。

これを瞬間的にやっているのが、シリウスとか、アルクトゥルスとか、高次元の星の社会です。

それを宇宙の叡智とつながらなくして、人間を奴隷化したのも彼らの一つの作戦でした。でも、彼らが悪いとしてしまうと、それがダメなのです。今まで彼らを悪い人間としてたたき落としていたから、彼らに潰された。私は彼らより高い次元にいます。私がこの次元になったために、メディアも誰もついてこれないです。私についてこれる人間は、地球上にいなくなりました。私がぶっ飛び過ぎているからです。

しかし、私がこの次元から言ったので、イルミナティ、フリーメイソンのスーパートップも私の言うことを受け入れて、承諾して、人類が宇宙の叡智とつながることを許したのです。彼らが許したということは、まさに弥勒の世の発動になったわけです。だから、新型コロナウィルスが一気に人類の世直しに出たということです。天照大《あまてらすおお》御神《みかみ》のエネルギーを乗せて、まずトップは菊理姫神が壊す。つくるところは、菊理姫きのうはまさに龍馬と空海を開いたから、夜、帰るときに、明るいホワイトオレンジの輝いた星が龍馬のエネルギーで、ホワイトブルーの輝いた星が空海のエネルギー、二つの星が光って、ずっと見送っていました。

神の創造力と、私がシリウスを書き換えたネオシリウスの創造性のエネルギーです。

きのうはまさに龍馬と空海を開いたから、夜、帰るときに、明るいホワイトオレンジの輝いた星が龍馬のエネルギーで、ホワイトブルーの輝いた星が空海のエネルギー、二つの星が光って、ずっと見送っていました。彼らがまさに目覚めたのです。

それは高次元のエネルギーでもあります。空海はシリウス系ですから、水のエネルギー、ジーザス系のエネルギーであって、龍のエネルギー。龍馬はオリオン系で、火のエネルギー、卑弥呼系のエネルギーであって、鳳凰《ほうおう》のエネルギー。それをずっと持ってきてサポートしているわけです。

いずれにしても、今回、私の四国リトリートで、彼らのエネルギーがついに世に出るということが大事です。

仕事と生きがい

あなたたちは何のために働いてきたかということを振り返ってほしいと思います。

食べるため、家族を養うためです。でも、その生き方は終焉《しゅうえん》を遂げます。

　その生き方をやっていたら、生きがいとか自分の存在意義がどんどん感じられなくなってきます。そういうふうに生きている人間が、今どんどん仕事を失っている。会社も、トップがそういう方針で、ただ単に利益を上げるため、自分たちがおいしい思いをするためにやっている会社は、全部なくなっていきます。

　これは宇宙のふるい分け、弥勒のふるい分けです。弥勒エネルギーに貢献するエネルギーは残されて、弥勒エネルギーに役立たない、邪魔になるものは消えていく。これが宇宙のエネルギーのなせるところです。だから、あなたが今までやりたくない仕事をしていたなら、今こそあなたは思い切って変わるべき時期なのです。

　きのうもテレビを見ていたら、離婚したシングルマザーが息子を育てていて、息子がかわいそうな思いをしていた。いつもいじめられていた。息子のためにとやっていたけれども、やっぱり自分の生き方ではないと気づいて、そこから新たな境地を開き、自分で本を書いて、それがベストセラーになった。自分のよさに気づいて、子どももハッピーになったというテレビをやっていた。まさに弥勒の世を物語っています。

　これからテレビなどはガラッと変わってくると思うのです。今、最悪なのは、給料を助けてあげるとか、みんなの給料が減ったから遊びに行くお金を出してやらないとあなたたちは何のために働いてきたかということを振り返ってほしいと思います。

食べるため、家族を養うためです。

でも、その生き方は終焉を遂げます。

その生き方をやっていたら、生きがいとか自分の存在意義がどんどん感じられなくなってきます。

いけないという考え方です。皆さんは今回GoToトラベルで、おいしい思いをしたでしょう。おいしい思いをするのは、たまにはいいけれども、根本的にあんなものは状況を改善するものではない。

弥勒の世というのは、奇跡のリンゴの木村秋則《あきのり》さんは、無農薬で地球に優しいエネルギーを命の限りやって、自らの命を絶とうとしたときに天からの助けが降りた。要するに、やり切ったのです。

「私、あしたから食べるパンがないの。もうダメだ」と焦るから苦しくなるのです。ずっと家で寝ていたらいい。家がイヤだったら山の中でずっと寝ている。「何も頼るものがないの」と言うなら、羊が1匹、羊が2匹。羊がイヤだったら小鳥が1羽でもいい。山の中で動物たちと一緒にさえずっていたらいい。いつの間にか気持ちよく死んでしまうから。

死ぬのは怖いことではない。生きていける人間は生きていけばいいし、生活できないのだったら、それはそれでリセットして、また次の魂に行ったらいいだけの話であって、醜く政府からお金を搾り取ったり、犯罪をしたりするのは悲しい。

死にたかったらどうぞと言う世界が本当であって、自殺なんかするよりも自然死です。究極的には、人間は余計なことをしなければ穏やかに最期を遂げられるのです。

これは宇宙のふるい分け、弥勒のふるい分けです。

弥勒エネルギーに貢献するエネルギーは残されて、弥勒エネルギーに役立たない、邪魔になるものは消えていく。

これが宇宙のエネルギーのなせるところです。

余計なこととは、医学だけではありません。考え方、人間はこう生きるべきだ、食べなきゃダメだ、飲まなきゃダメだ、ひとりぼっちでは生きていけない。私は地球人の友達はゼロです。宇宙人だから。地球人の友達をつくる必要はない。別にいてもいいけれども、地球人は重たいから疲れてしまう。

テレビを見ていると、自分の給料では老後が心配だとか、生きる不安を持っている。あした死ぬかもしれないのに、あなたは朝になったら生きているのかと問いたい。

自分でやりがいのある仕事をしたいけれども、見つからないと言う。そういう状態では、何をやってもダメだ。そういう人間がやってもエネルギーが低いからね。

要するに、生きがいの仕事を見つけるというのは、何でもいいけれども、興味があること一点のみ。アリを観察することに生きがいを持っている。それなら、ずっと24時間、アリの生態を見ていたらいい。アリのこと以外、考えなかったら、あなたはアリの世界で超一流になれる。そうしたら、アリの学会とか、アリの生育に関連する会社とか、引っ張りだこです。

何でもいいから、自分が興味を持つことだけをやって、ほかは全部ポイする。こういう生き方をすることをあなたたちは学ぶときが来たのです。

死にたかったらどうぞと言う世界が本当であって、自殺なんかするよりも自然死です。
究極的には、人間は余計なことをしなければ穏やかに最期を遂げられるのです。
余計なこととは、医学だけではありません。

覚悟がないと自由は得られない

私は何で四国に来たのか。もともとイギリスのストーンヘンジをやる予定だったのに、ウィルスで行けなくなった。何か知らないけど空海と龍馬が呼んでいるという気がして、「じゃ、四国をやるぞ」と言いました。「四国ですか」、「四国だよ」と、3秒ぐらいで決めました。

そのやる理由は、後から全部生まれました。やる1週間ぐらい前に、やる理由が私のところに降りてきて、今回は弥勒の世を促進するために過去生である空海と龍馬を開く。それは常識と固定観念をぶっ飛ばす力がある。

今、弥勒の世を開くのに、既成の超低次元の3次元の社会をぶっ壊すのに何が必要かというと、龍馬型のぶっ飛びエネルギーです。龍馬が常識と固定観念を全部ぶっ飛ばす。ぶっ飛ばしたら、あなたは友達はいなくなるし、友達から見放されるし、誰も助けてくれないし、慰めてくれない。社会、政治、公の機関、役所からもあなたはサ今、弥勒の世を開くのに、既成の超低次元の3次元の社会をぶっ壊すのに何が必要かというと、龍馬型のぶっ飛びエネルギーです。

龍馬が常識と固定観念を全部ぶっ飛ばす。

ポートを得られなくなるし、生きにくくなります。

でも、あなたは、それだけ失ったものの何百万倍以上の自由を得られます。自由、自由と皆さんはよく言うけれども、覚悟がないのに自由なんか得られるわけがない。私は、そこは思いきり言っておきたい。自由は、人間が覚悟を持って全てを捨てて、不安と恐怖、怒り、不満、愛の欠乏で自分を表現できないというぐらいに追い込んで、初めて生まれるものです。自由は、既存の社会の中で生きていて生まれるわけがない。既存の社会を飛び出す力がないと難しい。

龍馬は、土佐藩から脱藩しても、人間力があったから周りの社会が必要とした。私は、医学界からとっくに飛び出しています。メディアで「変態医師」、「変態ドクター」といっぱい書かれて大変でした。

皆さんが新しい生き方をするときが来ているのに、誰もそれに気づいていない。今までの枠の中、鳥かごの中から出ようとしない。それでいて変わりたい。お金がいっぱい欲しい。自由が欲しい。自分の力を世に見せたい。もっと楽に生きたい。あなたは鳥かごの中にいて、永久に牢獄の中にいて、どうやってそんなことができるの。

世間がつくった常識・固定観念、人間はこうあるべきだ、こうなるべきだというのは全部捨てないとダメです。それをつくった人間が超低次元だからです。超低次元の皆さんが新しい生き方をするときが来ているのに、誰もそれに気づいていない。

それでいて変わりたい。

お金がいっぱい欲しい。自由が欲しい。あなたは鳥かごの中にいて、永久に牢獄の中にいて、どうやってそんなことができるの。

お役人たちがつくったルールで、あなたたちが生きているのです。やりたくない仕事はやらなくてもいいのです。ただ、やりたいことだったら、どんどんやってください。それがお金を生み出すから。

3次元の地球の仕事は、やりたくないことをお金のためにやる。でも、これからの弥勒の仕事は、仕事と思わずにやりたいことをやっていたら、それがお金を生み出すから、後から仕事だということがわかるのです。

つまり、学校の先生は学校の先生らしく、医者は医者らしく、男は男らしく、女は女らしく、全部要らないのです。反対をやりなさい。男だったら女らしく生きなさい。女だったら男らしく生きなさい。大人だったら子どもらしく生きなさい。子どもだったら大人らしく生きなさい。人間だったら植物らしく生きなさい。

あなたがあなたをやっている限りは変われないのです。私がどんな高次元の力で書き換えても、もがきの世界にすぐ戻ってくるでしょう。あなたが鳥かごの中から出ようとしていないからです。

基本的人権が全く要らないというのは、人間はすぐ死ぬのもいたり、もがき苦しんで死ぬのもいたり、ずっと平和でうらやましがられる人間もいる。それが自然なのです。それはどれが善で、どれが悪かではない。どれが幸福で、どれが不幸かではない。

それを望んで役割としてやっているだけです。それがわかれば自然に生きられる。お金は、本来、弥勒の世、地球を愛と調和に変えるために貢献する人間に降り注ぐものです。お金にエゴとか怒りとか、ダーティーなエネルギーが乗ってしまったけれども、私が金華山に3年連続で登って、お金のエネルギーを開いて愛と喜びに変えてあるから、お金は愛と喜びの生き方をする人間をサポートするようになります。

だから、あなたはお金のために動かなくていい。お金のために動いたらダーティーになる。ダーティーなお金しかあなたは得ることができない。しかし、あなたが愛でクリアになり、いつも喜びと感動で生きていたら、クリアなお金があなたに寄ってきます。それは宇宙がお金という形であなたを応援するからです。そのうち、お金というものがなくなっていきます。

「今ここ」で自分の高次元とつながる

平等もないのです。いつも隣の家の芝生を見て、自分の家の芝生のほうがちょっと乱れていて汚いわと思うけれども、隣の家は芝生のほかのところが汚い。大したことがない。

あなたは、比較ばかりして生きている。周囲と社会の見る目と評価ばかりを意識レベルに照合して、そこに執着して損をしています。「今ここ」に置いているエネルギーはゼロに等しい。自分が生きていると思っているほど、あなたは生きていません。過去の後悔と怒り、未来の不安と恐怖に99・99％のエネルギーを使っています。0・01％であなたは「今ここ」を生きています。今ここに置いているエネルギーしか宇宙の叡智とつながらない。宇宙のゼロポイントのあなたとつながらない。宇宙の高次元の生命体たちも、そこのあなたしかサポートしません。

では、0・01％のあなたはどういう状態か。自信がない。ダメな自分、見たくない。目を伏せたい。何かで隠したい。そんな自分を宇宙に見せつけていたら、誰も応援してくれません。

人間のサポートなんてあってもないようなもので、低次元の3次元のサポートはつけても重たいだけです。これからは高次元のサポートをつけなさい。高次元のサポートというのは、「今ここ」で生きて、自分の高次元とつながって、ゼロポイントとつながることです。ゼロポイントに近くつながることが、宇宙から地球が輝いて見えるわけです。地球のオーラがきれいになる。

地球は今、宇宙評議会の中でリーダーになっているから、地球のオーラが進化することを宇宙社会全部が応援する。あなたがあなたになることを応援します。

あなたがあなたになるとは何かと言えば、あなたが脳で考えている自分ではない自分になること。あなたは常にお金と地位と体裁と義務感であなたをつくってきた。そうではない自分こそが宇宙とつながるあなたです。

まずは、ぷあぷあ、楽で愉しい自分。

きょう、私が皆さんのDNAを最初に特別に書き換えました。私は地球上で最も高いエネルギーを持っているから、瞬時で書き換えられます。イルミナティ、フリーメイソンも書き換えた。私は、天皇陛下のエネルギーもサポートさせてもらっています。安倍さんのエネルギーもサポートさせてもらって、安倍さんはシナリオで一旦降りるという筋書きにはなったのですが、そういうサポートをずっとしてきています。宇宙のエネルギーも書き換えさせてもらいました。

数日前に、私は平泉の高館義経堂に行って、私の過去生である義経をついに開きました。彼の傷を癒やして、開きました。義経は頼朝を許して、弥勒の世をサポートすることになりました。太陽が青色に変わりました。

鎌倉がカギとなるのはわかっています。だから、私は鎌倉にいます。鎌倉を開くには、義経を開くしかない。これで日本が開いて、ついに世界が開く。義経も開いているし、一気に卑弥呼とジーザスのエネルギーを持って、そしてここで空海と龍馬のエネルギーを開く。まさに誰も止められなくなっています。メディアも、政治も、経済も、教育も、全て変わらざるを得ないでしょう。

そのためには、ドクタードルフィンのもとで学ぶ皆さんこそが、いつまでも低次元の人間に甘んじていてはダメだ。皆さんは、自分がある程度進化しているように思っています。もちろん、私が最初に会ったとき以来、だいぶ進化しているけれども、私が求めているのはそんなところではないのです。突き抜ける。私しかできないことだから、皆さんはそれをぜひやってもらいたい。

そのためには、お金を追い求めたらダメ。自由を追い求めたらダメ。楽で愉しい生き方を追い求めたらダメ。それらは結果として自然にいつの間にかあなたに降り注ぐものです。追いかけると、彼女、彼氏と同じで全部逃げます。脳を使ったエゴだから。低いエネルギーだから。あなたが「今ここ」だけに存在していたら、あなたの魂に必要なものはいつの間にか全部寄ってきます。

鎌倉がカギとなるのはわかっています。だから、私は鎌倉にいます。
鎌倉を開くには、義経を開くしかない。
これで日本が開いて、ついに世界が開く。

義経も開いているし、一気に卑弥呼とジーザスのエネルギーを持って、そしてここで空海と龍馬のエネルギーを開く。

まさに誰も止められなくなっています。

メディアも、政治も、経済も、教育も、全て変わらざるを得ないでしょう。

お金を追い求めたらダメ。
自由を追い求めたらダメ。楽で愉しい生き方を追い求めたらダメ。
それらは結果として自然にいつの間にかあなたに降り注ぐものです。
追いかけると、彼女、彼氏と同じで全部逃げます。

今こそ自分の本当のすばらしさを知るとき

私は厳しいことは言うけれども、あなたは今こそ自分の本当のすばらしさを知るときが来たのです。あなたはあなたを知らずに来た。それは仕方ない。どうしても必要なプロセスでした。でも、今この世の中が変わるときに、最後のふるい分けの中で、あなたに最も輝くコースを行ってもらいたい。

あなたがこんなにすばらしい存在だった、あなたがこんなにいとおしい存在だった、それをあなたが気づけるのであれば、今生まで地球に居続けた大きな私の誇りになるし、勲章として地球を去ることができると考えています。

ありがとうございました。（拍手）

Part 3

無限大エネルギーを生み出すにはあなたの中の悪49%がキーとなる!

秋の高知・愛媛

高次元☆修学旅行

3日目

厳しいときも、緩めるときも必要

この会は「ドクタードルフィンの高次元スピーチ&ワーク」という名称ですが、今、会場の入り口に「ドクタードルフィンの高次元スピーチ&ワープ」と書いてありました（笑）。そんなことがあるなんてびっくり。うれしいミスだけどね。

今回、皆さんと一緒に四国にやってまいりまして、歴史上の偉大な人物、空海、坂本龍馬の両者に焦点を当てて、エネルギー開きを行っております。

私は、お話しする内容は、毎回決めていません。脳を使って話すと、作戦とか、狙いとかいろいろ出てしまうので、それは私の世界ではあまり面白くない。だから、ほとんど何の準備もしないで、私がここに立ったときにパッと降りてきたことを話します。あるときは厳しいときもある。きのうは厳しめだったのではないかと思います。

厳しいセミナーを受けると、「私、来なきゃよかったわ」とか、「こんなはずじゃなかったのにがっかり」とか、この前も「もう先生の会には二度と行かない」と言われた人がいました。ぐっと絞ると、そうなってしまうのはしようがない。

雑巾でもタオルでも、ぐっと絞るからぐっと水を吸い込むのです。絞り切っていないと豊かなものが十分入らないのです。そういう意味で、絞るときも要るし、緩めるときも要るということが大事なのです。

皆さんが毎回同じ感覚で受けていると、そんなに刺激にならないし、魂が喜ばないし、成長しないので、毎回違っていていいのです。

物事は人によって捉え方が全く違う

きょうは四万十川《しまんとがわ》のかっぱ館にはカッパがたくさんいましたね。あんなにたくさんいるとは思わなかった。あれを見て何を感じたかというと、人によってカッパを捉えるイメージが全く違うということです。

「カッパの絵を描きなさい」と言うと、面白いことに、一人一人違うものを描いてくる。大体のイメージとか教わってきたものがあるので、それに沿って、お皿があるとか、口がとんがっているということは共通していますが、ほとんど人間みたいなのもあるし、ほとんど動物みたいなのもある。カッパというだけで、あれだけ違うものが生まれます。

例えば、「優しさ」という言葉で皆さんが何をイメージするか、人それぞれが違うわけです。「怒り」もそうだし、「幸せ」もそうです。

私が提唱するスーパーハピネスは高次元の究極のものです。皆さんが向かうべきところで、今、皆さんが手元に持っている幸福とは違います。皆さんが手元に持っている幸せは、一人一人全く違う。皆さんが望む天国とは何か、極楽とは何かというと、これまた一人一人イメージが違います。

「天国」とか「幸せ」という言葉を例にとると、地球上には、ある程度固定観念があります。幸せとは、普通に食べられて、やるべき仕事があって、健康に生きて、家族を持っているというような固定観念です。これは社会が描いた集合意識です。

ひっくり返して、不幸とはこういうものだというのも、皆さんが生まれてこの方、刷り込まれてきた固定観念によってできているところが大きいわけです。

出口王仁三郎が伝えている弥勒の世とはどういうものか。具体的には言っていないけれども、誰の圧力も受けずに、統率も受けずに、自由意思によって個人が幸福に生きる世の中です。その中には、こうあるべき、こうなるべきというものはあまりない。それぞれが望むところを生きて、存在して、それで社会が調和して平和に成り立つというのが弥勒の世です。

そうすると、弥勒の世の一人一人の思考はどうなるか。例えば、幸せという形も全く別になります。何か食べるものがあるのが幸せと考える人もいれば、食べるものなんて何もなくていい、自分はゆったりと過ごせる時間があれば幸せだという人もいる。もしくは、長く生きているのが幸せという人もいれば、長く生きるなんでごめんだ、3日間でいい、弥勒の世で3日間いただいて、私は皆さんに示すべきものを示すんだという魂もあります。

病気であることがダメなのではなくて、わざとハンディキャップや病気を持って、自分はここがみんなより劣っているけど、ここはみんなよりすぐれているんだということを愉しむのです。

人間は無限大の能力を持つ

一人の人間の能力は、大もとでは無限大です。ただ、地球に来ると、時間と空間の制限を受けて重力を浴びるから、自由な思考が実現しない世界になります。もちろん、体を持つから、時間と空間の制約を非常に受けて不自由になります。病気にもなります。

宇宙では、皆さんは本来、無限大の能力を持っています。きのうも私が言ったように、あなたはなろうとしてはいけません。既になっているのです。この感覚を捉えていくほかはない。常に変わろうとしたらダメなのです。変わっている自分は既にあなたの手元にあるのです。それに気づいて、そこに入れかわることができれば、一瞬で実現します。

皆さんは能力と魅力を持っているにもかかわらず、地球は、あたかも自分が持っていないように感じさせられる世界です。そこがダメということではありません。制限

宇宙では、皆さんは本来、無限大の
能力を持っています。
きのうも私が言ったように、あなた
はなろうとしてはいけません。
既になっているのです。
この感覚を捉えていくほかはない。

常に変わろうとしたらダメなのです。
変わっている自分は既にあなたの手元にあるのです。
それに気づいて、そこに入れかわることができれば、一瞬で実現します。

だらけの世界を、もしくは制限だらけの自分を望んで来たのは自分です。なぜ望んだか。皆さんが生まれてからは、なぜ望んだかという理由は忘れさせられているけれども、皆さんは無限大の能力と魅力があることを忘れて、制限だらけの自分を生きることによって、無限大の自分へ戻る力をつけるためです。

戻るには反重力、重力に逆らわないといけない。時間に逆らわないといけない。空間に逆らわないといけない。逆行する力が必要になります。地球の社会通念とか集合意識でのほほんと生きていると、まさに重力のもとで時間、空間に縛られて生きている。これは無限大の自分に向かうのではなくて、無限大の自分から遠ざかることになります。

あなたの中には善もあり、悪もある

だからこそ、皆さんは思考を全くひっくり返さないとダメです。そのときに知っておくといいのは、善悪で考えると物事はうまくいきません。つまり、あなたの中に善もあり、悪もあることが必要なのです。今までの教育は全て善であれと、あなたを全部白にしようとした教育でした。真っ黒でもいけない。真っ黒の役割もあるけれども、皆さんが本当に無限大に向かういい状態をつくっていくためには、黒半分、白半分です。

バシャール（高次元存在）は、白が51%、黒が49%と昔から言っています。少しだけ白が多いほうが心地いいし、無限大の自分に戻っていく力も強い。たぶん皆さんの感覚では、白が80ぐらいで、黒が20ぐらいでなければダメだと思っているので、つらいのです。

空海は、黒い部分を真っ白にするために修行したわけではない。自分がもともと持っている半分ずつの黒と白を見きわめ、それを受け入れるための時間だったのです。

皆さんも、自分のいいところを持とうと思ったら、悪いところを半分しっかり持ちなさい。皆さんは、親兄弟や社会から、悪いところは消しなさいと教えられてきました。

いいところを持てという場合、全部同じ色に染まりなさいと言われてきました。あなたは黒と白半分ずつでできているのに、例えば全員が黄色になりなさいと教えられる。魂の色が黄色の人だったらいいけれども、青い人もいれば、緑の人もいれば、ピバシャール（高次元存在）は、白が51%、黒が49%と昔から言っています。

少しだけ白が多いほうが心地いいし、無限大の自分に戻っていく力も強い。

たぶん皆さんの感覚では、白が80ぐらいで、黒が20ぐらいでなければダメだと思っているので、つらいのです。

空海は、黒い部分を真っ白にするために修行したわけではない。

自分がもともと持っている半分ずつの黒と白を見きわめ、それを受け入れるための時間だったのです。

ンク色の人もいる。もともと魂の色は違うのに、みんな黄色になりなさいと言う。

でも、あなたが紫色の魂を持っているのであれば、紫色のオーラの中で、紫を持ったまま、黒と白と半分ずつ持つ。これが非常に重要です。

最初の話に戻ると、弥勒の世では、病気を持つから逆にもっと輝くものを持てるわけです。宇宙は、素粒子もそうだけれども、ポジティブ、ネガティブが半分ずつでなければ存在しないのです。片方のエネルギーだけでは存在し得ない。そういうものはないのです。

しかし、あなたは常にポジティブとネガティブの両方を共有しているにもかかわらず、その瞬間の0秒は、意識はどちらかだけにしかフォーカスできないのです。ポジティブなものにフォーカスしていたら、ネガティブが消えます。ネガティブが同時に同じところに存在しているのに、ないように思えます。

この概念はすごく大事で、いつもうまくいっていないとか、最悪だ、もう死にたいとか、もう生きていけないと思ったときに、最高に生きたくなる、生きる力が同時に存在しているのです。あなたの意識のフォーカスを、同じところにある反対側に置けば生まれ変われます。つまり、黒と白を半分ずつしっかり持ちなさいよということです。

弥勒の世では、病気を持つから逆に
もっと輝くものを持てるわけです。
宇宙は、素粒子もそうだけれども、
ポジティブ、ネガティブが半分ずつ
でなければ存在しないのです。

今までは、白と黒とまぜてグレーになりなさいという言い方もされましたが、それではあなたのいいところも悪いところもわかりません。一番大事なことは、地球上でダメだと言われているところをしっかり持ちなさい。

私はわがままで、無駄遣いばかりします。いつも役立たずのハズバンドで、地球家庭では私は全く役に立たない。私は、地球社会の集合意識でいうダメな部分をかなり持っています。わざと持ち続けます。妻に「ここを変えて」と言われても絶対変えません。言われれば言われるほど変えません。それを変えたら、私の白い部分、光る部分が消えます。

皆さん、覚えておいてください。自分の黒を消したら、白も同時に消えるのです。エネルギー的に同時存在しているからです。私がよく、自分の嫌いなところを受け入れなさいとか、愛しなさいと言う意味を、皆さんはわかっていないのです。ジーザス・クライストが「全ての汝を愛せよ」と言ったのは、そういうところから入っているのです。何も「いい人間になりなさい」とは言っていない。全てそのままを受け入れなさい。

皆さんは、ブラックの部分をあえて隠して、見ないようにしてきた。表現しない。例えば、人の話を聞いていても、自分のいいところばかり言っていて、ブラックを出皆さん、覚えておいてください。

自分の黒を消したら、白も同時に消えるのです。

エネルギー的に同時存在しているからです。

私がよく、自分の嫌いなところを受け入れなさいとか、愛しなさいと言う意味を、皆さんはわかっていないのです。

さない人は面白くない。逆に、自分の悪いことばかりを言う人間も面白くない。やっぱり両方を持っているということが大事だから、自分の悪い部分を出すのもよし、いい部分を出すのもよし。

社会風潮として、いい部分を出すことを躊躇《ちゅうちょ》している人間がいかに多いか。日本人はとくに謙虚過ぎて、本当の自分を出したくない。これまた、つまらないのです。

弥勒の世は、隠さない、リアルな魂のコミュニケーションの場になります。だから、あなたが自分の弱点を認めて愛したときに、初めてあなたの長所が働き出すのです。黒も白も同じように存在しているとは、そういうことなのです。

人類がもがく段階は終わろうとしている

坂本龍馬は郷士で、上士ではなかった。上士が偉くて、下士は偉くないという社会に生きていました。社会的に見れば、その町がきちっと機動するためには上士も下士も両方必要です。

また、気の強い武士もいれば、気の弱い武士もいる。体力のある武士もいれば、体力のない武士もいる。武士は命をかけて戦うべしという教えでしたが、全員がそうであることはあり得ない。生まれたときから魂が違うから、DNAに書き込まれている性格とか気性は全部違います。幾ら訓練しても、多少は変えられるけれども、気が弱い部分もあるのです。

私のDNAの理論でいけば、これからの人類は全く変えることができます。私の世界で学べばいい。ただ、地球人としてしっかりと勉強すること。もともと人間は違う。武士はこうあるべし、先生はこうあるべし、商人はこうあるべしという世界は、インドのカースト制で最も強く出てくると考えられるけれども、その時期にはそれぞれの役割があったのです。人類の集合意識でいうと、我々はもがく段階をかなりやってきました。

私は過去生でいろいろ生きてきて、もがく社会の中で一緒に一生懸命もがいてきました。そのもがきの段階は、今、ある程度過ぎようとしています。近代からもがきの時代が始まって、戦争を体験し、いがみ合いとかだまし合いが、国レベルだけでなく、いろんな社会レベルで起きていました。それを体験する必要があったから、我々はしてきたのです。

今までどうしてそれが起きたかというと、一つは、善悪をつくってきたということです。もう一つの理由は、自分はよくありたい。自分の国はよくしたい。他の国のことは知らないが、自分の国は平和で幸せであってほしい。自分の子どもが育つ国は平和であってほしい。自分の存在する家族は平和であってほしい。ほかの家はそうでなくても。そういう観念の人が非常に強かったので、それが今までの社会を乱す原動力になってしまったのです。だから、もがくとか、争いとか、だまし合いという図式をつくったわけです。

いよいよこれではダメです。学びのプロセスは十分やり切りましたよという合図で、宇宙のエネルギーが起動して、新型コロナウィルスが出て、まさに不安と恐怖を誘導して、怒りと憎しみをつくっている。

今、世の中がどうして乱れているのか、冷静になってよく見ると、企業が潰れるから国が助けろ、これは今までの考えです。国はみんなが成功するのを助けるべきだから、個人レベルでは、自分は大学も行けないとか、ローンを払っていけないとか、そういう人たちを助けて、世界中の人類全員を助けないといけないというのが、今までの社会通念だったわけです。こんなことをしていたら、もちろん国は破綻するし、いつまでたっても人類は、自分が、自分の会社は、自分の国はということしか考えなくなるのです。

私は人類の今の姿を見ていると、テレビのコメンテーターにしても、人類は感染症を克服して、また元気な世の中を取り戻さないといけないとか、経済はまた発展させなければいけないとか、人の流れを取り戻さないといけないとか、格好いいことは言うのです。

自分の人生もしっかり生きられていないのに、人さまのことを言っている場合ですか。自分以外のことを偉そうに言えるあなたは、それに値するあなたなんですかと、私はいつもそこに行くわけです。

大きなネクストストップ

今は次のステージに入るときです。次のステージは単なる次ではなくて、大きな、大きなネクストステップなのです。今までの常識と固定観念を全部ひっくり返す。きのう言ったように、基本的人権とか平等という概念では、地球自体がハッピーになれません。植物一つとってごらんなさい。ある地域のある種類の植物は、ある時期、繁栄するけれども、ある時期には絶滅するわけです。海の中を見ても、ある部分のサンゴはある時期、成長するけれども、ある時期、死滅するところもある。つまり、陰陽のバランス、ポジティブ・ネガティブなのです。

人類も、国を見ても、ある国はある時期、発展するし、ある時期には衰退する。地球上の祖織、団体、会社も、あるものは発展して、あるものは衰退する。ある家族は発展して、ある家族は衰退する。ある個人は発展して、ある個人は衰退する。これが非常に自然で、宇宙の采配によってとり行われる非常にバランスのとれた社会です。これが個人の強化と融合です。

私が何度も言うように、今までの社会は個の喪失です。個人はこうあるべき、こうなるべきと一緒くたに教育して、人間の生活はこれぐらいであるべき、これぐらいの収入があって、これぐらいの食事ができて、これぐらいの衣服が着れて、これぐらいの余暇、遊びができて、これを幸福と言うと世間が勝手につくってきたわけです。これは個の喪失です。融合でなくて統合なのです。ある強い傲慢な勢力によって、無理やりくっつけられていた。

今、そういうものが全部壊れるのです。くっつけられてきたものが全部分離してバラバラになります。国同士もそうです。あるいは組織同士、人間同士もそうです。そして、今まで喪失していた個が一気に出るようになるのです。

そこが非常に重要であって、皆さんの個を本当に出し切ったとき、脳の中で設定している自分を完全に捨て切って、本来の宇宙とつながった直感だけ、松果体だけで捉える自分になり切ったときには、地球で唯一、あなたにしかできないエネルギーを発信することになります。あなたにしか出せないエネルギーを発信するということは、あなたにしかできない仕事をするようになる。あなたにしかできない話をするようになる。あなたにしかできない姿を見せる。あなたにしかできない能力を世に発信することができるのです。

本来、誰がすぐれているとか、劣っているということはないのですが、地球社会には思いっきりあるのです。ある能力にすぐれているとか、劣っているとか。地球とはそういうところなのです。でも、地球は見せかけで、あなたが進化・成長するためにもがくという設定だから、自分が好きか嫌いか、自分が心地いいか心地よくないか、地球上ではポジティブとネガティブがはっきりしています。

あなたが心地いいことが、宇宙とつながるのです。あなたが次元上昇できることなのです。心地いいことをどんどんやっていく。心地よくないことはどんどん捨ててい脳の中で設定している自分を完全に捨て切って、本来の宇宙とつながった直感だけ、松果体だけで捉える自分になり切ったときには、地球で唯一、あなたにしかできないエネルギーを発信することになります。

く。心地よくない部分が、あなたにとってはネガティブなのです。心地いい部分がポジティブです。

今まではネガティブな部分を捨てようとしてきた。これが失敗です。うまくいかない大もとです。あなたが心地よくないところを捨てようとか、消そうとすると、余計なくならなくなって、そこに意識が執着して、あなたが持っているポジティブが見えなくなってしまう。

地球社会の一番のコツは、あなたが今感じているネガティブを全部素直に受け入れて、それを持っていてもいいんだと許してやる。それだけでいいのです。それを消そうとか、減らそうとする必要は全くありません。自分はこういうネガティブなものを持っているんだけれども、これは自分が持っていないといけない、持っていて当然のもので、これを手放したらポジティブも消えてしまうということがわかれば、心地よくない自分もしっかりと大切にしてやることができます。

あなたが心地いいことが、宇宙とつながるのです。
あなたが次元上昇できることなのです。心地いいことをどんどんやっていく。
心地よくないことはどんどん捨てていく。
心地よくない部分が、あなたにとってはネガティブなのです。
心地いい部分がポジティブです。

嫌いな自分にも、嫌いな存在にも愛と感謝を

大事なことは、心地よくないネガティブな自分に愛と感謝を送ることです。皆さんは、心地いいポジティブな自分だけに愛と感謝を送ろうとしていて、ネガティブな自分には憎しみと怒りを放ってきたのです。宇宙的に見て、これは絶対にうまくいきません。

つまり、あなたの中で当然適用されることは、あなた以外は、あなたが体験している社会はあなたなのです。あなたの自分宇宙の中にあなたが受け入れているものだから、あなたのエネルギーなのです。地球上のある国が嫌いだとしても、嫌われる役割として存在するその国に、愛と感謝を送るということです。

テレビを見ていると、北朝鮮の悪口を言っています。北朝鮮の拉致問題は、もちろん人道的とか、今までの集合意識で言ったら、それは悪です。でも、悪役というものがあって、悪い部分を持つ者は反対に善の部分を持っているわけです。

もちろん、地球の概念では、拉致された娘とか息子の親は悲しみます。ただ、それは自分の子どもは自分よりも長生きするべきだとか、その国で幸せに結婚して、子どもを持って生きるべきだとか、いつも親に会える状態、親の近くにいるべきだと勝手に植えつけた集合意識があるわけです。

もし拉致されるということがあるなら、拉致された本人が自分の役割として魂的に受け入れていなければ、拉致されるという現象は起きないのです。これは、拉致する側の役割と、拉致されるという役割を受け入れた本人との合意であります。拉致されることによって自分も進化・成長するし、社会に学ばせ、親に学ばせる。

拉致された娘の親は、「北朝鮮が憎いです。私は本当に不幸です。ついていない人生でした。娘がかわいそうです」と言いますが、私は何も思わない。一時期は悲しいけれども、娘は幸せな生活をしているかもしれない。親は親で、いつまでも子どもにすがって生きる存在になったらダメです。そのように考えると、子どもは自分の選択で拉致されたんだと捉えられるようになります。

そうすると、テレビもその他のメディアも、親は悲しみ、拉致された本人は一時期もがき、周囲は混乱するけれども、この一連の事象から我々人類は何を学ばされるのでしょうという視点にまで上がっていきます。それなのに悲しいことに、いろんな雑

レイシセンダン葉のど飴

商品価格：4,860円（税込）

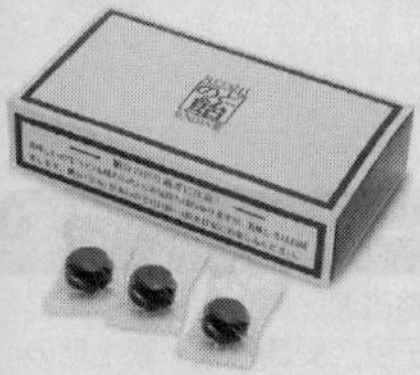

口腔内は体内へ続く大切な玄関口です。少しでも喉に違和感を感じたらおすすめしたい、霊芝とセンダン葉のダブルパワーのど飴。霊芝の苦さに、センダン葉のハーブの味を合わせた「甘苦い」新しさです。免疫にかかわる機能を活性化するというβ-グルカンを含む霊芝に、昔から様々な面で生薬として用いられるセンダン葉の成分が、体外から入る幅広い脅威に対して予防となるでしょう。口内炎やインフルエンザになりやすい方、からだが弱い方は風邪の時にもおすすめです。舌下に置いてゆっくりと溶かし、口腔内に膜を張るようにしてお召し上がりください。上気道に成分が滞在するので、より、予防に期待できます。

※特許取得品（特許第5578646号）

※日本食品分析センターによる独自のウイルス不活化試験において、驚きの数値が確認されています。試験ウイルスはインフルエンザウイルスＨ１Ｎ１（財団法人日本食品分析センター　第209040684-001号）

内容量：１箱60g（４g ×15個）／原材料：水飴、グラニュー糖、黒糖、ハチミツ、霊芝エキス末、霊芝黒焼粉末、香料、センダン葉エキス末、ビタミンＣ

氣力シール

商品価格：陰陽10枚 3,300円(税込)／あうわ１枚 1,650円(税込)／
つぼ１枚 1,100円(税込)

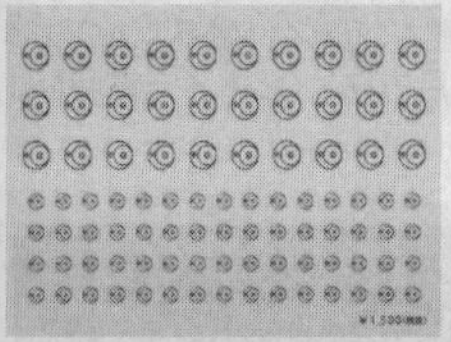

陰陽　あうわ　つぼ

古代日本に花咲いた神代文字の文化に見られるように、この国には言霊の力を健康維持や不調の回復に用いてきた特有の歴史があります。そこで、この時代の言霊のパワーを現代にもお手軽に活用できるようシールにしました。貼るだけの微小な刺激でも指圧の代用になり、不調を感じる部位に貼るだけで効果が期待できます。神の座席図を表すとされるヲシテ文字の「フトマニ方陣円」の中心となる文字からとった「あうわ」「つぼ」、中国の易学で使われる陰陽思想を基に独自開発されたオリジナルマークの「陰陽」、計３種類をご用意しました。開発はメディアでも活躍する生薬や微小循環の研究者で、気功にも精通している森昌夫先生。先生のご厚意により、ヒカルランドパーク特別価格でのご提供となります。

共通サイズ：15.8㎜×10.8㎜

ハイパフォーマンス水素カルシウムサプリ

商品価格：15,000円（税込）

ソマチッドの魔術師の異名を持ち、数々のユニークなソマチッド製品を世に送り出している、施術家・セラピストの勢能幸太郎氏が自信を持って発表したサプリメント。体内環境の最適化に欠かせない超微小生命体・ソマチッドと善玉カルシウムをたっぷりと含んだ北海道八雲町産「八雲の風化貝」に水素を吸蔵させたこのサプリは、溶存水素量最大1565ppb、酸化還元電位最大－588Vと高濃度の水素を長時間体内で発生し続け、細胞内のミトコンドリアでエネルギーを産生する水素が持つ働きをソマチッドが補完し、その相乗効果により効率的に体を元気にします。太古の叡智が詰まったソマチッド＋カルシウムと水素の共演による超パワーで、丈夫でイキイキ、若々しい体づくりをサポートします。

内容量：180粒／原材料：水素吸蔵カルシウム（国内製造）、パパイヤ抽出物、米麹粉末／貝カルシウム、ショ糖脂肪酸エステル／使用目安：１日６粒（朝晩３粒ずつ摂るのが理想的です）

Swattoko（スワットコ）

商品価格：各7,700円（税込）

スタンダードタイプ

ゆったりタイプ

日本人の１日に「座って過ごす時間」は、世界で一番長い平均7時間。良くない姿勢で長時間過ごすと、背中や腰に負担がかかり、骨盤が歪んでしまうことも。「猫背」は肩こりや腰痛、消化機能の低下など。「反り腰」はむくみや慢性的な腰痛、〝ぽっこりお腹〟など、あらゆる不調に繋がります。理想的な座り姿勢は、骨盤の中央にある「仙骨」が立つ状態ですが、これを維持し続けるには根気強く癖づけるしかありません。A４サイズ、250gというコンパクトさでありながら、「Swattoko」はただ座るだけで仙骨が立つマットです。老若男女問わず、座り位置もその日のコンディションや用途によって自由にお使いいただけます。移動中の乗り物やオフィス、観劇の座席や旅行先にも携帯可能なので、生活にフィットして無理なく理想的な座り姿勢を癖づけることができます。乗り物で長時間移動する際や、お尻にゆとりが欲しい方は、ゆったりタイプがおすすめです。

サイズ：幅340mm×奥行215mm×厚み約14〜24mm／重量：［スタンダードタイプ］約250g［ゆったりタイプ］約280g（※マット本体のみ）／材質：［カバー］ポリエステル100%、［マット］黒：クロロプレンゴム、黄：EVA樹脂

シリカエナジー

商品価格：50mℓ 4,320円（税込）／500mℓ 43,200円（税込）

水晶に炭を加えて高温加熱し、炭酸ガスとして酸素と炭素を逃がして生成されたシリカを、九州屈指のパワースポット高千穂の麓、霧島神宮付近の地下144mから汲み上げた「始元水」の中で天然熟成させてつくられた、エネルギーの高いシリカ水です。シリカは人体の組織同士を繋ぎ、骨や臓器、血管、皮膚、爪など多くの部位に含まれる必須ミネラル。体の若々しさである柔軟性・弾力性にもかかわり、欠乏すると体は酸化し免疫力も低下してしまいます。さらに、シリカはメラトニンを分泌するので、体内時計を調整している脳内の松果体（第3の目）も活性化。人間にとって欠かせない元素なのです。「シリカエナジー」のシリカは、超細粒子化されているため浸透力が抜群に良く、濃度も5760mg／L。無色透明で無味無臭なので、お水のほかコーヒーやスープに少量入れたり、お料理や炊飯の際にも加えることができます。

名称：水溶性珪素含有食品／栄養成分表示（1000mlあたり）：シリカ（水溶性珪素）5760mg、カリウムイオン403.0mg、サルフェート38.4mg、カルシウムイオン32.6mg、ナトリウムイオン14.8mg、マグネシウムイオン7.0mg（試験依頼先：社団法人鹿児島県薬剤師会試験センター）／使用目安：コップ1杯（200cc）に対し、5～10滴を飲料水に入れて1日4回以上を目安にお召し上がりください。

LED光触媒和紙スタンド

商品価格：55,000円（税込）

太陽や蛍光灯の光を当てるだけで、有害物質を分解し、除菌・消臭ができるという、酸化チタンによる光触媒の化学反応作用が報告されています。この作用をより引き出すため、酸化チタンを微細粉末化。さらに世界初の和紙にすき込む試みで表面積を増やし、空気中の有害物質をより多く吸着・分解することができるようになりました。この和紙は、大腸菌などの菌類、悪臭の原因物質、大気汚染物質ホルムアルデヒドなどを強力に分解します。その和紙を使った「LED光触媒和紙スタンド」は、内側から光を当て続けることで、電球の熱が分解後の水と二酸化炭素の放出を助け、空気の浄化がさらに早まります。インテリアとしても白色の程よく柔らかい光を放ち、和室・洋室どちらにも似合う和紙スタンドです。使用しているお客様からは、「気になっていたペットの臭いがなくなった」「人体にも無害で安心」という好評の声が。アルコールなどを使わず除菌・消臭ができる、画期的なアイテムです。

サイズ：高さ47cm×縦34cm×横34cm／重量：470g／付属：電源コード、LEDライト、光触媒和紙スタンド

ビライザー

o.5（白・赤・空）各55,000円（税込）／No.10（ベージ
円（税込）／No.20（白・赤・黒）各165,000円（税込）／
・赤・黒）各385,000円（税込）／No.80（白・赤・黒）各
（税込）

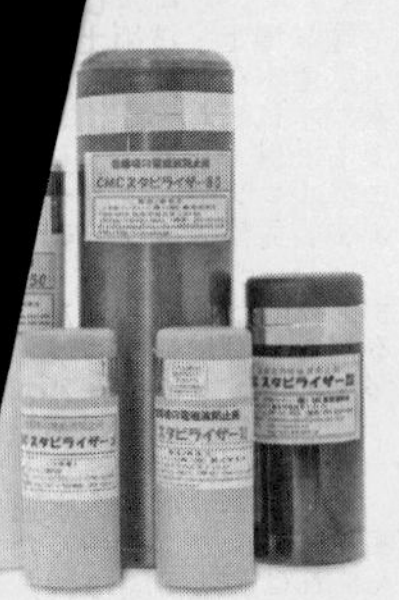

遺伝子（DNA）と同じ二重螺旋構造を持つヘリカル炭素・CMC（カーボンマイクロコイル）。人間の鼓動と同じリズムで回転しながら生命と親和し、生き物のように成長するCMCは、人工電磁波に対して誘導電流を発生させることで周囲をゼロ磁場化し、安全な波動へと変調させる能力を持ちます。こうした特別な性質を活かし、設置型5G電磁波対策グッズとして開発されたのが「CMCスタビライザー」です。強力な5G電磁波はもちろん、地磁気、ネガティブエネルギー、他人からの念や憑依といった霊的影響からも守り、ゼロ磁場の良い波動を周囲に拡げます。そして、脳をα波優位のリラックス状態に導き、体に蓄積された水銀などの重金属デトックスされ免疫アップの期待も。さらに人の健康や長寿に影響を与えるNAの塊「テロメア」にも良い影響を与え、心身の健康・美容に計り知れな貢献をしてくれます。CMCの充填量や建物の面積などを参考に5種類の中からお選びいただき、CMCの螺旋パワーを毎日の安全・安心にお役立てください。

容器：SUS製円筒容器／有効期限：半永久的

こんな環境にはぜひ設置を！

●パソコン、コピー機、無線LANなどがある　●モーター、電子機器がある
●高圧送電線・携帯電話用アンテナ、柱状・路上トランス、太陽光または風力発電所がそばにある　●地磁気の低い土地にある　●静電気ストレスがある
●LED照明を使用している

種類	色	サイズ	重量	CMC充填量	有効範囲
No.5	白・赤・空	底半径4.5×高さ12cm（赤のみ底半径5.5×高さ14.5cm）	約80g（赤のみ約140g）	5g	半径約50m
No.10	ベージュ	底半径4.5×高さ12cm	約85g	10g	半径約75m
No.20	白・赤・黒	底半径5.5×高さ14～14.5cm	約180g	20g	半径約100m
No.50	白・赤・黒	底半径7.5×20cm	約350g	50g	半径約200m
No.80	白・赤・黒	底半径7.5×25cm	約440g	80g	半径約300m

11−1（イチイチのイチ）

商品価格：1箱2g（粉末）×30包　9,612円（税込）
　　　　　3箱セット　27,000円（税込）

「11−1」は、東京大学薬学部が長野県の古民家にあった「ぬか床」から発見し、他の乳酸菌やブロッコリー、フコイダンよりはるかに高い免疫効果が測定されたという、新しい乳酸菌です。フリーズドライされた死菌状態で腸に届き、胃酸や温度の影響を受けず善玉菌の餌に。さらにグァー豆と酒粕を加え、腸内環境を最適なバランスへと整えます。普段の生活の中で弱りがちな「免疫力」を強化して、感染症の予防や肉体の老化予防に。

原材料：グァーガム酸素分解物、殺菌乳酸菌［デキストリン、乳酸菌（#11−1株）］酒粕発酵物、食用乳清Ca／お召し上がり方：1日1～3包を目安に、水に溶かすかそのままお召し上がりください。牛乳、ヨーグルト、ジュースや温かい飲み物、お料理に混ぜても働きは変わりません。／添加物不使用

11−1をご購入の際はヒカルランドパークまで、お電話ください。インターネットによる販売はお受けできませんので、ご了承ください。

ウイルスフリーX（Virus Free X）

商品価格：3,960円（税込）／50mℓ空ボトル1本付きセット 4,500円（税込）／150mℓ空ボトル1本付きセット 4,550円（税込）

今や生活に欠かせなくなった除菌剤ですが、「ウイルスフリーX」はアルコールなどによる肌荒れとは無縁。赤ちゃんのおしり拭きにも使用される、経済産業省公表新型コロナウイルス有効原料（第四級アンモニウム塩含有製剤／塩化ジアルキルジメチルアンモニウム含む）を使用し、安全かつ効果的な除菌を叶えます。普段使いなら6倍希釈で十分。それでも5分後にはウイルスを98.4%不活化します。1リットルあたり700円程度のコスパの良さも特筆すべきポイントです。

内容量：1000ml／成分：2−フェノキシエタノール、塩化ジアルキルジメチルアンモニウム／生産国：日本／使用方法：加湿器・マスク用には水1000mlに本剤10ml、手洗い・携帯ミスト用（手指・食卓・壁やカーテン、空気中の除菌・消臭）には水200mlに本剤30～50ml、緊急を要する消毒・洗浄には水200mlに本剤100ml

mytel（マイテル）

商品価格：66,000円（税込）

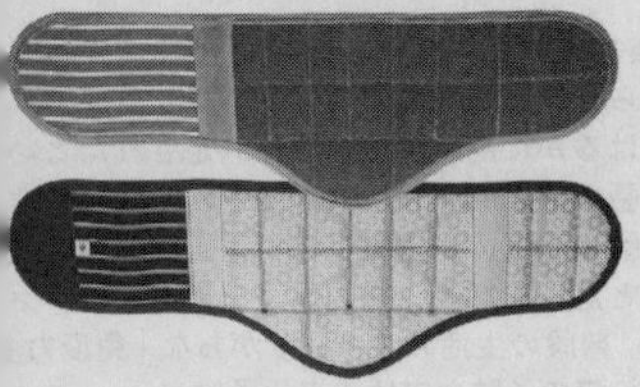

保温作用に優れ遠赤外線を放出する特殊繊維「サーモマックス」。30種の鉱石を配合した「気石プリント」。足首に巻くだけでこの2つの特殊技術が作用し、全身のめぐりやバランスに欠かせない働きを担う足首の経絡に良い気を与え、筋肉をほぐし、痛みやコリを緩和。小顔効果やウエストの引き締めといった効果も期待できます。

サイズ：385×125mm（最大部）／材質：[外側（パイル地）] ナイロン100%[内側（プリント部）] 綿100%、気石プリント [中綿] サーモマックス樹脂綿[ゴム] ナイロン35%、エステル53%、ポリウレタン12% [滑り止めテープ] 天然ゴム100%、ポリエステル100% [面ファスナー] ナイロン100%

mytel（マイテル）をご購入の際はヒカルランドパークまで、お電話ください。インターネットによる販売はお受けできませんので、ご了承ください。

FTW ビューラプレート

商品価格：55,000円（税込）

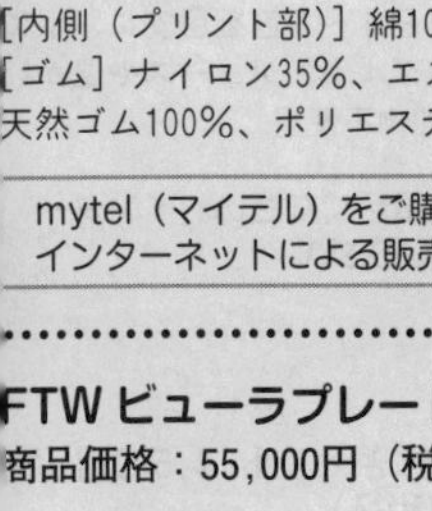

書籍『わが家に宇宙人がやってきた!!』に登場する宇宙人ミルトンさんが、宇宙から無限のエネルギーを享受でき、生活のあらゆる面でプラス効果を与えると称賛した「FTW ビューラプレート」。この特殊なセラミック素材には空中から電子を誘導する働きがあり、これにより細胞は元気に、酸化・糖化も還元・抑制されます。調理の際に活用すれば、毎日の食の質が安全で氣のあるものへとアップする、頼もしい活躍をしてくれます。また、プレートから発する遠赤外線は「生育光線」とも呼ばれ、命あるものすべてを活性化させます。調理の際にお鍋や電気釜の中に直接入れる、料理と一緒に電子レンジへ、飲み物や食べ物をプレートの上に置く、発酵食品をつくる時に一緒に入れる、お腹や腰に巻き付ける、お風呂に入れるなど、幅広い使い方ができます。電源は一切不要で半永久的に効果が持続するので、末永くお使いください。

素材：FTW セラミック／サイズ：直径144mm／製造国：日本

BIO-IT《バイオ アイティ》 セラミックス 健パール S

商品価格：8個入り 7,700円（税込）

水が持つ「記憶」する働
活かし、様々な健康食材
ミックボールに閉じ込めま
憶技術「BIO-IT セラミック
産養殖の分野で活躍した理学
博士。このボールを水（水道水
で、閉じ込められた情報が水に
水に変わります。なかでも「健
ーゲン、エラスチン、ヒアルロン
の情報が記憶されています。免疫
する健康ウォーターとしてご活用ください。

サイズ：各15mm／重量：各5.7g／用途：水道水を活性水にしま
の日常生活用水にも適します。／BIO-IT 技術による主な転写情報
エラスチン、ヒアルロン酸、ビタミンC、プラセンタ、Q10、レチ
レン、ローヤルゼリーほか／使用方法：水道水1リットルに1～2個
にも1～2個。足し水自由。水筒やウォーターピッチャー、清潔な
など、お持ちの水差しに直接入れてご利用ください。使用する水は、
くは市販の天然水のどちらでも構いません。冷蔵庫に保管してご使用
少なくなった、または飲み切ったあとも再び水を入れれば、1年間は繰
利用いただけます。

滝《たき》風イオンメディック

商品価格：264,000円（税込）

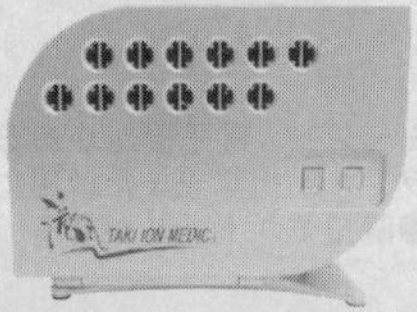

自然の中、特に滝のそばの空気は、マイナスイオンが多く含まれており清々しく感じます。マイナスイオンは心身のリラックスはもちろん、除菌・脱臭・集塵に効果があります。「滝風イオンメディック」は大自然の滝つぼの2000倍を超えるマイナスイオンを発生し、その適応面積は最大で80畳分の広さにおよびます。電化製品などによって発生したプラスイオンは体に悪影響を与えがちですが、「滝風イオンメディック」はプラスイオンを出さずに中和し、電磁波対策にもなります。スイッチを入れるとまるで森林浴をしているかのような、心地よさとやすらぎが部屋の中に広がります。細菌やウイルス、電磁波カットに期待ができ、電気代もわずか1か月130円程度という優れものです。

カラー：パールホワイト、ライトパープル、シャイニーピンク／電源：AC100V（50/60Hz）／定格消費電力：10W（※強＝ High で運転）／運転音：強＝15db、弱＝2db／外形寸法：W300× D79.5× H220mm／重量：1700g／本体材料：難燃 ABS（UL94V-0）／適応床面積：6～80畳（約132.5㎡まで）／放電方式：コロナ無声放電／発生イオン：200万 ions/cc 以上（各吹き出し口）[合計2400万 ions/㎤以上] ／発生オゾン濃度：0.020ppm 以下／空気清浄機能：電極板集塵機能／イオン発生ユニット：定期交換不要／生産国：日本

CMC スタビ
商品価格：N
ュ）99,000円
No.50（白
572,000円

誌、インターネット、テレビは非常に低い次元で捉えている。

　政治家は、いい人間であるわけがない。人間にはいい部分と悪い部分がある。悪い部分をみんな隠している。スポーツ選手も、もちろん花形の部分と影の部分とを誰でも持っている。不倫されるのがイヤだったら、結婚するのをやめなさい。そういうものに興味があるかどうかですが、不倫する人間もいれば、しない人間もいるわけで、しないという保証は誰にもない。そういったことを全部受け入れられているかどうか。人間は誰でも善だけでなく悪もあるんだという見方ができているかどうかによって、柔軟性、適応性が非常に変わってきます。

　皆さんは進化・成長しようとすると、悪い部分は減らしたり、なくしたりして、いい部分を育てないといけないと思う。まさに今まで社会に教わってきた、親兄弟、学校に教わってきたことしかやらない。これでは4次元ぐらいにしか行けません。

　私は5次元、6次元、10次元を飛び越えて、2ケタの次元にあなたたちを行かせる力を持っています。そういうことを伝えられる存在は、ほかにいないと思います。それはなぜかというと、ほかの人は、悪い部分を持たないようにしなさい、いい部分を持ちなさいと教えるからです。悪い部分をあえて持ちなさいと言うのは私だけです。しっかり持ちなさい。もっと持ちなさい。悪い部分を持てば持つほど、いい部分もも

悪い部分をあえて持ちなさいと言うのは私だけです。
しっかり持ちなさい。
もっと持ちなさい。
悪い部分を持てば持つほど、いい部分ももっと持てます。

っと持てます。

あなただけが持つ、あなたしか持てない高いエネルギー

弥勒の世は、いい部分同士を交換するわけです。あなたの能力がこれ、私の能力がこれ、交換しましょう。ここにお金の介在は要りません。瞬間的に成り立ちます。お金が介在すると、人類同士が進化・成長できるコミュニケーションができなくなります。ダイレクトにピュアなコミュニケーションです。あなたのエネルギーを私にください。私のエネルギーをあなたにあげます。

つまり、地球上の80億人の人間の中で、あなたは飛び抜けて高いエネルギーを持っているわけです。あなたにしか持てないエネルギーをあなただけが持っているわけです。80億人の誰ひとり、例外はいない。これに気づくことができれば、80億の人間全てがあなたを求めてやってきます。そのエネルギーを提供できるのはあなたしかいないからです。

それは具体的にどういうことか、どうしたらいいのかはあなたが読み解き、あなたが開拓していってください。私が教えるものではないのです。私は原理、プリンシプルだけを教える。そういうものであるというイメージを皆さんに与えます。

あなたは気づいていないのですが、地球上の80億の人間は誰ひとり例外なく、自分がダントツに高いエネルギーを持っています。これが生命の存在のすばらしいところです。なぜあなたはそれに気づかないかというと、ネガティブを隠すからです。

きょうの私を見てみなさい。ガチャガチャをやりまくる。やりたいことをやる。一般社会の集合意識はよくないと言うことを、私は喜んでやるわけです。

自分が悪いことをしたら世の中に迷惑がかかるとか、家族に迷惑がかかる、悲しませるとか、社会を悲しませるとか思っているでしょう。それは社会の体裁を考えて悪いことをするから、人の見る目とか人の顔を気にして、あなたは悪い存在でいるから、周りを悲しませたり苦しめたりするわけです。

私には出口王仁三郎の過去生もあります。私は不倫には興味がないのですが、彼は女が大好きで、女を前に座らせて、キンタマをひもで持ち上げさせて、うちわでキンタマの下をあおがせて、「余は天国じゃ」と言っていたそうです。女をいっぱい侍《はべ》らせていた。それを奥さんもそういうものだと認めていた。社会がこうだからでなくて、あなたは気づいていないのですが、地球上の80億の人間は誰ひとり例外なく、自分がダントツに高いエネルギーを持っています。

これが生命の存在のすばらしいところです。

なぜあなたはそれに気づかないかというと、ネガティブを隠すからです。

その本人がこうだからという世界です。

これをやり切ると、周りを悲しませることがなくなっていきます。弥勒の世は、刑法とか法律は要りません。憲法も要りません。そんなものはなくてよい。そうしたら何が重要か、自分の観念だけです。自分の魂が感じる観念だけが正義なのです。だから、皆さんは自由に生きればいい。

「先生、楽に生きるにはどうしたらいいですか。自由に生きるにはどうしたらいいですか。自分の使命を見つけるにはどうしたらいいのですか」。そんなことに答えはありません。私がきょう話したことに全部答えが入っています。

お金にかえられない無限大ドルのレクチャーをしました。

魂の望む方向に書き換える

きのう、一人ずつ望みを聞きました。それは今回持っていていいのですが、今回のリトリートが終わるころには、あなたの望みはあなたの望みではないかもしれない。

違う自分を持っている可能性が強いけれども、とりあえずその望みを持って、一人ずつ書き換えていきます。

あなた、そこで立ちなさい。そのままでいいから黙って立って。脳は全部忘れているけれども、魂が全部覚えているから、あなたの望む方向に書き換えます。

あなたの望む方向というのは、脳の望みではない。脳の望みもちょっと取り入れるけれども、恐らく脳の望みは変わっているので、あなたの魂が本当に望んでいることに書き換えます。

（参加者を一人ずつ書き換えて、一人ずつにアドバイスを与える）

きょう話したことはすごく大事です。皆さんが全く新しい自分に生まれ変わる可能性を秘めたメッセージです。

きょう、食事中に皆さんにやってほしいことがあります。弥勒社会にはルール、憲法も法律も何もありません。集合意識、例えば村の掟《おきて》とか、体裁とか、そういう圧力も何もありません。あなたはダメダメ人間です。同時に、あなたでしかできないという何かをもつすばらしい超卓越した人間である。両方を持った人間として一度交流してみてください。その場がどうなるか。

けんかが起きると思いますか。中途半端にやったら大げんか、殺し合いになります。でも、それをやり切ったらすばらしいスーパーハピネスの世の中、愛と調和の弥勒の世の中が体験できます。ぜひやってみましょう。

桂浜でダイヤモンドのエネルギーを浴びる

きのう、別府進一先生が、今、宇宙からダイヤモンドの光が降り注がれていると言っていました。私が『高次元DNAコード』（ヒカルランド）の本に書いているように、私のリーディングではアルクトゥルスにダイヤモンドのエネルギーがある。私がピラミッドを開いたことによって、北極星の方向から、弥勒のエネルギーを広げるのに必要な地球には、アルクトゥルスのエネルギーが届くようになった。

きょう、桂浜の海面で、ダイヤモンドのエネルギーを我々は感じることができました。喜びと感動の水面の光でした。非常にいい時空間を皆さんとともに過ごせたのではないかと思います。

皆さん、きょうも私と一緒に過ごしていただいてありがとうございました。

ダイヤモンドのエネルギーを浴びる

Part 4

宇宙人からの超高次元
弥勒セッション！

秋の高知・愛媛

高次元☆修学旅行

4日目

参加者のＤＮＡを書き換える

松久　高次元ＤＮＡの最高の書き換えをしています。あなたの全てが変わります。
一瞬で全く違うパラレルに生まれ変わります。あなたにだけ役立つＤＮＡコードを
この場でつくって、それを入れます。宇宙のあらゆる次元においても、この地球上で
最も高いエネルギーの書き換えです。あなたへのギフトです。
きょうは、唐人駄場《とうじんだば》のエネルギー、アルクトゥルスのエネルギーもさらに私に乗っ
ているから、相当高い次元で書き換えているよ。
あなたの脳は無視して、あなたの魂が最も望む方向に、私でないとできない最も高
い次元で書き換えています。

唐人駄場を開く

松久　きょうは、唐人駄場を別府進一先生にご案内いただいて、非常にすてきな日になったと思います。

午前中は四万十川で皆さんはカヌーに乗りました。私は、自分をあまりいじめてはダメだと思って、乗りませんでした。私は、屋形船に乗って、のんびり寝ておりました。非常に気持ちよかった。四万十川の流れをカヌーなり屋形船なりで移動するのは、なかなか貴重な体験です。

昼からは、唐人駄場という、つい最近になって人類が注目し出した遺跡へ行きました。あれだけの巨石が何個もあるわけで、その真上でエネルギー開きのセレモニーをやらせていただいた。別府先生のアドバイス、お導きに従って、まずは地球の叡智とつながるところを開かせてもらったということが大事です。

私がいつも言っているように、宇宙の叡智を受け取る準備は、グラウンディング、

唐人駄場でエネルギーを開く

地球の叡智とつながっていないとダメです。それをしっかりやった。そこでも別府先生からは、感動的な言葉をいただいて、思い出されたということもありました。

あの強烈な場所でアルクトゥルスのエネルギーを一緒に降らすことができたことは、人生最大の誇りと言ってもいい。

私は今回の高次元スピーチ&ワークで毎回いろんなことをお話ししますが、きょうは、皆さんは、自分がいろんなことを体験してきたんだと、今、地球の誰よりも最高の体験をすることを選択した自分を誇りに思って、価値を称えてあげましょう。

それでは、別府先生にお話ししていただきましょう。

別府進一氏の話――レイライン

別府　私も、まさかこのような展開になるとは全く思っておりませんでした。
私は、この人生で唐人駄場を訪れたのは、土佐清水市の高等学校に異動になってからで、家族でよくピクニックといいますか、のんびりしに行ったり、テントを張ってキャンプをしていたのです。

唐人駄場は実は結構特殊な場所なのです。四国、足摺《あしずり》岬の先端に唐人駄場がありまして、そこから富士山を結びます。結び方は2通りあって、一つが光の道筋、真っすぐの結び方です。もう一つは、等角航路といいまして、この方向を目指していけば富士山に着くという回り方ですから、若干弧を描いて進む。

世の中のほかの方がどういうふうにレイラインを捉えていらっしゃるかわからないのですが、私がレイラインを調べる場合には、光の道筋で最短経路を通る場合と、同じ角度で進んでいく場合と、2通り調べています。

唐人駄場と富士山を結んだときに、等角航路では伊勢の内宮《ないくう》を通り、光の道筋では伊勢の外宮《げくう》を通るのです。

2日目に室戸岬の御厨人窟《みくろど》に行かれたと伺いましたが、唐人駄場と御厨人窟をつなぎますと、光の道筋では玉置《たまき》神社に一直線につながります。もう片方の同じ角度を保って移動する方法では、唐人駄場と御厨人窟と伊雑宮《いざわのみや》。伊勢神宮の内宮、外宮、伊雑宮の三つでセットだと言われている、あの伊雑宮になります。そういったことで大変特殊な場所なのです。

レイラインがなぜ重要かと申しますと、造山活動といいますか、プレートが動くときに、物質的な次元とは違う次元で、幾何学模様のさまざまなエネルギーが連なっているのです。高次元というのか、見えない次元でのさまざまな幾何学模様の連なりが、私たちにはレイラインとして映ります。

地球には、エネルギーの網目があります。皆さんお一人お一人が、例えばご家庭におられる、職場におられる、さまざまな旅行とか聖地にお出かけになると、地球の内奥の世界のグリッドと皆さんの意識とが織りなされて、独特の網目を形成しているんですよ。

地球には、地表だけで70億人ぐらいいるということですから、70億人分のエネルギーのパターンが合わさって、地表のエネルギーのネットワークが形成されることになるのです。

その見えない世界のエネルギーの交点では、とくに見えないエネルギーに作用する力が強いのです。ですから、祈りはもちろんご自宅でも、お買い物に出られたスーパーマーケットでも、近所の散歩でもできるんですけれども、やっぱり特別なときにエネルギーの結び目のところで祈ることは作用が大きいのです。

私は自家用車で身軽なものですから、皆さんには内緒で、先ほど白皇山《しらお》に登っておりました。唐人駄場は、一昨日お話ししたとおり地につながる場所で、皆で上がった千畳敷岩が天につながる場所です。古くにはヌナカワミミという人物も、白皇山をよく使っておりました。今、天皇家にも伝わっている四方拝の習慣は当時からございましたので、春分、秋分、夏至、冬至といったときには、植物性の山の恵みを磐座《いわくら》で捧《ささ》げて、植物性の発酵したお酒のようなものを窪《くぼ》みに流す。磐座にフラスコ状の窪みがあります。

私が確認したところでは、マレーシアにも2カ所あります。仕組みは同じです。広島の弥山《みせん》にもあります。恐らく滋賀県の竜王山《りゅうおうざん》の辺りにもあるはずですが、まだそこは詳しく調べておりません。

いずれにしても、人々が地の恵みに感謝して、磐座の北側の地面に再び流れていきます。流れ落ちることで、もう一度、地の恵みを大地に循環させるという祈りが行われていた場所なのです。

きょうは、あの後、磐座の場所へ行きまして、お祈りをしてきました。心が晴れ晴れといたしました。ドルフィン先生とは男同士なのですがアイラブユーなのです。

私は唐人駄場では、沈むときのムーの皇后陛下をいかにご尊敬申し上げていたかということを思い出しました。

その当時のムーの皇后陛下は、実は、ドクタードルフィン松久先生の過去生でした。

今こうして、約束どおりに皇后陛下をこの地にお連れできたことは、本当に大きな喜びです。

最後、神官集団が、黒魔術のような良からぬ方で、文明を消失させてしまう。僕も必死でやったのですけれども、その流れを止め切れず、自分の力では今回は防げないと観念したときに、皇后陛下に相談に行っています。

私は今から北に向かい、そこで祈りを地球の核に打ち込みます。やがて時が至れば、それが機能するときが来ますから、私はそのときまでずっと守ります。そのときにはご案内差し上げますからとご相談申し上げてから、私はムーから姿を消しました。

どうやってかは覚えていないのですけれども、とにかく皆から姿を消して、当時も男性だったので、私と妻と二人で、祈りを石でゴングのように響かせて打ち込んだのです。

アフリカの真ん中からちょっと南にジンバブエというところがあります。あのあたりも、ライオンシャーマンは石をゴングだと言っているのです。ゴングの石を使って星や地球と交感するのですけれども、唐人駄場も同じ機能を持っているのだと思います。

そこで神官集団に引きずられないように、内密に祈りを打ち込んだのです。

虹の龍を誕生させる

別府　ここでちょっと話が変わりますが、実は2019年に成功しましたのが、天皇陛下の虹の龍を誕生させるということです。

一昨日、皆様にもお話ししましたけれども、2019年の3月ごろ、私の左側にドルフィン先生の、右側に保江邦夫《やすえくにお》先生の御魂がぴったりくっついて、それで何日も一緒に過ごしたのです。世界的な物理学者と超天才のドルフィン先生の二人が後ろについて、どんなに頭がよくなって、仕事ができるかと思っていたんですけれども、全然変わらないんですよ（笑）。俺の頭は無能力のまま変わらんじゃんと思って働いていたんですけれども、そのかわり、例えば帰りがけにスーパーマーケットに寄ると、みんなからすごく丁寧にお辞儀をされる。交通整理のガードマンがいらっしゃるでしょう。ハハーッとお辞儀をされる。ドルフィンパワー、保江パワー、すごいじゃんと思った。

やっぱり左側にドルフィン先生がいて、右側に保江先生がいるというのは、どうも本当らしい。思ってもみなかったお辞儀の変化を通して、私自身にとっての真実味が増したのです。

その後、虹の龍は、ドルフィン先生の見たこともないような壮麗な白龍と、保江先生のレムリアの龍6体、全部で7体が合わさって、その全ての性質を兼ね備えた巨大な虹の龍が、今の徳仁《なるひと》陛下をお守りしています。それは徳仁陛下をお守りするのですけれども、同時に、地球の一番中心の龍になるので、結局、私たちみんなの龍になります。

実は壮麗な白龍は、唐人駄場から高知県の真ん中あたりを行き来していたんですけれども、僕がちゃんと時々お祈りして、今まで世話をしていました。機が熟して出てきたときに、ちょうど私の手持ちのラピスラズリの石に、その龍が勝手に乗り移ってしまったのです。

東京の白金の龍穴に一緒に立ったときに、その龍はラピスラズリから龍穴の奥深くに入って、ドルフィン先生と地面の中でデートした。その翌日に、ドルフィン先生は鎌倉で美しい龍の写真をお撮りになられている。

そういうふうにドルフィン先生とのご縁がつながった。僕、ちょっとなれなれしい

動画配信

ヒカルランドの人気セミナーが動画で配信されるようになりました！　スマホやパソコンで、お好きな時にゆっくりと視聴できるので、過去に参加できなかったセミナーも、この機会にぜひご覧ください。

動画の視聴方法　特別なアプリのダウンロードや登録は不要！
ご購入後パスワードが届いたらすぐに視聴できます

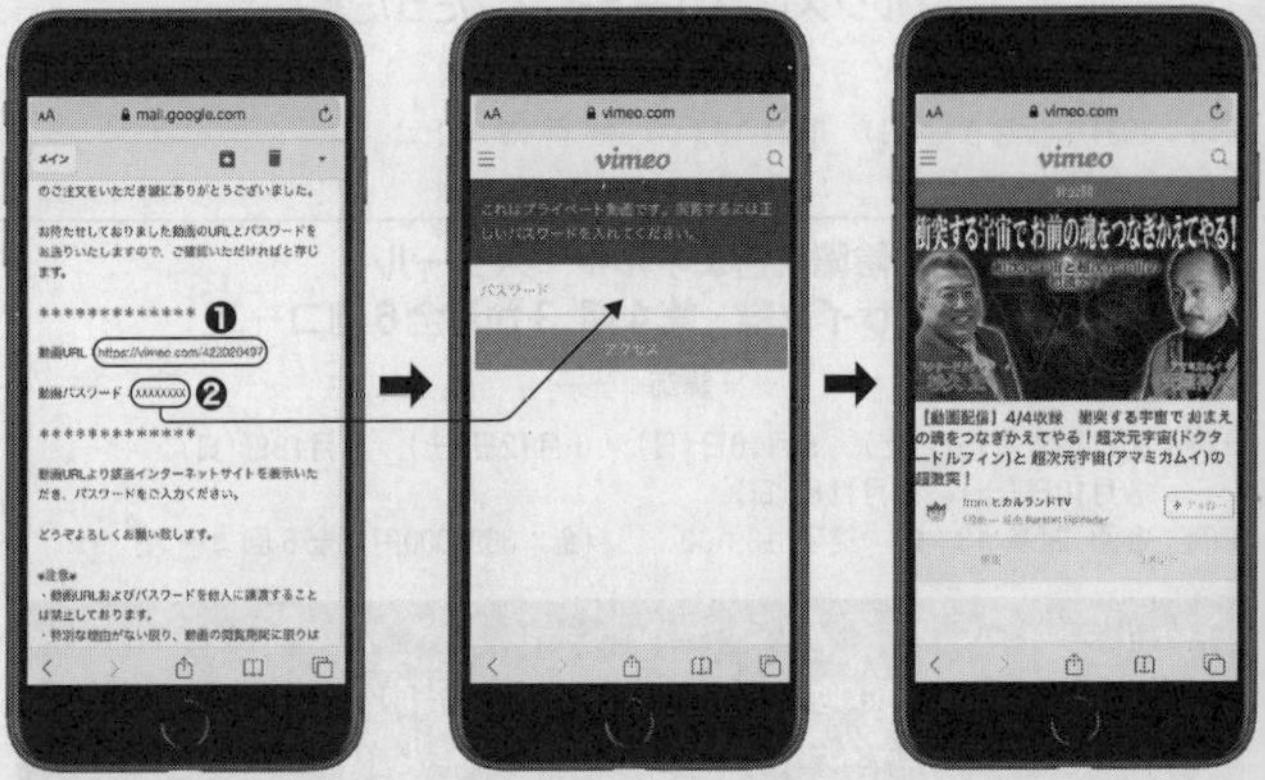

❶ヒカルランドパークから送られてきたメールの URL をタップ（クリック）します。

❷ vimeo（ヴィメオ）のサイトに移行したらパスワードを入力して「アクセス（送信）」をタップ(クリック)します。

❸すぐに動画を視聴できます。

動画配信の詳細はヒカルランドパーク「動画配信専用ページ」まで！
URL：http://hikarulandpark.jp/shopbrand/ct363

【動画配信についてのお問い合わせ】
メール：info@hikarulandpark.jp　電話：03-5225-2671

セミナー

意識と無意識と身体の法則をマスターする！
量子場調整師認定講座 3days

講師：岩尾和雄、岩尾朋美

日時：2021年5月1日(土)／5月2日(日)／5月3日(月・祝)
時間：各回 開演 11：00 終了 17：00
料金：500,000円（3日間参加、認定証付）

ZOOM配信有 共産主義とロスチャイルド 闇の超結託！
マルクスはフリーメイソンだった!!

講師：船瀬俊介

日時：2021年5月9日(日) 開演 13：00 終了 15：00
料金：6,000円

陰陽統合エネルギースクール
セルフデザイン科・第4期 3か月全6回コース

講師：光一

日時：2021年5月15日(土)／5月16日(日)／6月12日(土)／6月13日(日)／
7月10日(土)／7月11日(日)
時間：各回 開演 13：00 終了 18：00 料金：369,000円（全6回コース）

ヒカルランドパーク
JR 飯田橋駅東口または地下鉄 B1出口（徒歩10分弱）
住所：東京都新宿区津久戸町3−11 飯田橋 TH1ビル 7F
電話：03−5225−2671（平日10時−17時）
メール：info@hikarulandpark.jp URL：http://hikarulandpark.jp/
＊会場は記載のあるものを除き、すべてヒカルランドパークとなります。
＊ZOOM 配信によるオンライン参加については、ヒカルランドパークホームページにてご確認ください。
＊ご入金後のキャンセルにつきましては、ご返金はいたしかねますので、予めご了承ください。

新型コロナウイルスによる情勢、その他事情により、各セミナーは延期や中止、または動画配信・オンライン参加のみに変更になる場合があります。予めご了承ください。最新の情報はヒカルランドパークホームページにてご確認いただくか、お電話にてお問い合わせください。

セミナー

PICK UP

『「スピ美容術」でかわいくなる私の方法』出版記念トークイベント

講師：星野美和＋シークレットゲスト

『「スピ美容術」でかわいくなる私の方法』の出版を記念して、著者の星野美和先生がトークイベントを開催します。先駆けて行われた出版記念オンライントークイベントでは、告知からあっという間に参加者600人を記録する大反響！　今回は、仙台在住の星野先生が東京・ヒカルランドパークまでお越しくださるリアル開催なので、お会いできる貴重な機会です。シークレットゲストをお迎えして、アカシックリーディングに関してのお話や出版にまつわるエピソードなど、盛りだくさんの内容でお届けします。

※シークレットゲストの情報は、2021年３月上旬にヒカルランドパークホームページおよび星野先生のブログにて公開予定です。

日時：2021年４月４日（日）　開演 10：30　終了 12：00
料金：20,000円
※新型コロナウイルス感染拡大防止のため、ご参加の方はマスクの着用をお願いいたします。当日、体調がすぐれない方は参加をお控えください。

動画配信

宇宙の最終形態「神聖幾何学」のすべて 全12回連続講座

出演：トッチ、礒 正仁

価格：[一の流れ～十二の流れ] 各13,000円、[全12回セット] 136,000円
収録時間：各170分～221分

二極化する地球 アセンション時代の渡り方

出演：あべけいこ

価格：[Vol.1～2] 各10,000円　収録時間：[Vol.1] 121分、[Vol.2] 115分

ホリスティック医学の生みの親
《エドガー・ケイシー療法のすべて》

出演：光田 秀

価格：[プレ・レクチャー] 4,000円、[第１回～９回] 各13,000円、
[全10回セット] 100,000円
収録時間：各156分～185分

～2020年10月プロジェクト集大成～
『銀河のマヤ終わりの始まりの大発振講演』

出演：秋山広宣

価格：9,000円　収録時間：250分　※視聴期限：2021年12月21日まで

～ヒカルランド限定！！！～ 銀河のマヤ限定講座2020 ‼

出演：秋山広宣

価格：5,000円　収録時間：234分　※視聴期限：2021年12月21日まで

片野式《気功ワーク》完全公開！

出演：片野貴夫

価格：3,565円　収録時間：88分

でしょう。まだ4回目なんです（笑）。去年2回お会いして、一昨日を入れて4回目ですが、古くからお世話になっていたので、心が開いているのかなと思いました。

現代の社会だと、生涯の50年とか、長くても100年ぐらいの間で物事を考えることが多いわけですが、たとえ顕在意識はそうであっても、もっと奥の深い魂のレベルでは、何万年とか、ひょっとしたら何億年とか、そういうレベルで物事を把握して、進化の道を歩んでいるのではないかと思うのです。

それは型にはまったものでもあるし、同時に、いつでも変更可能な、天衣無縫、自由な部分もあると思うのですけれども、きょうもしみじみと、1万何千年もドルフィン先生と約束しておったわけかと（笑）。

ここ、捻挫しているんです。ちょっとさすってくださいよ。

松久　痛いの痛いの飛んでいけー。

別府　ありがとうございました。

UFOに乗って宇宙人の星に行く

別府　もう一つ、唐人駄場で驚くことがあったのをお話ししたいと思います。

私が土佐清水市に住んでおったときに、唐人駄場は私の当時の家の南のほうにございまして、夜7時ごろ、日が暮れて暗くなったころに、南の空に雷が発生していた。あっ、母船が来ているなということで、自宅から10キロ余りの唐人駄場に車で行ったのです。雲で、雷がピシャー、ドカーンと鳴っているのに、母船があるとわかって行った。

行ったら、晴れているんです。全部星空。12月で結構寒いはずなんですけれども、唐人駄場で体が緩んで祈っていたんです。全然冷たくない。

気が済んで車で帰り始めたら、霧で前が見えないのです。あれっと思って、車から降りた。皆さんが唐人駄場へバスで行く途中の道です。見上げたら、ものすごい雲なんです。やっぱり曇りじゃんと思ったら、そのときテレパシーで「先ほど星空を見せていたのは、母船の底だ。母船の底に星を映し出して、おまえから見て星空に見えるようにしていたのだ」という話だったのです。

唐人駄場では360度全部見えますけれども、それが全部母船の底でした。よっぽど大きい母船だったと思います。それを言ってきたのはアシュタールだったので、保江先生の御魂でしょうね。

松久　アシュタールは宇宙連合、宇宙人評議会のトップだ。

UFOに乗って宇宙と行き来されて、UFOの中でのご経験をぜひ話してください。

別府　一番肝に銘じるというか、教訓になったのが、1997年の7月です。私は高知市の実家に帰って、妻、私、子ども2人、4人で実家の2階で寝ておりました。夜の2時ぐらいに、南側が明るいので縁側に出ましたら、宇宙船が浮かんでいるのです。これは面白いなと思って、1階に降りて、玄関を出て家の前に出たら、「おまえを私たちの星に案内したいと思って来たんだけど、どうだ」ということで、それはええなあと思ったら、その瞬間に宇宙船の中にいた。

松久　行ったのはそれが初めてですか。

別府　それは2回目です。1回目のときは、地球の最後のころ。

松久　過去生ですか。

夜の2時ぐらいに、南側が明るいので縁側に出ましたら、宇宙船が浮かんでいるのです。

「おまえを私たちの星に案内したいと思って来たんだけど、どうだ」ということで、それはええなあと思ったら、その瞬間に宇宙船の中にいた。

別府　いえ、まだ来ていないちょっと先の未来です。地球が大きく転換する直前のときです。20年ぐらい前の私が、20年ぐらい前の姿のままで、今からちょっと先の未来に行っています。それが覚えている範囲の1回目です。

松久　今のお話は2回目で、UFOに「来い」と言われて行かれたんですね。

別府　そうです。しょっちゅう来るんですよ。当時は土佐清水市に住んでいましたが、夜、自宅の玄関のところが明るいのです。出ていったら、そこに宇宙人のままの姿で浮かんでいるのです。

たぶん宇宙人の本体が来ているのではなくて、僕にそう見えるように投影しているのです。そのことは直感的に理解しました。浮かんでいるのを眺めるだけで、まだ眠いので寝に戻っていたんです。

そういうことが何度かあって、来ているのは知っていましたが、「私たちの星に連れていくけど、どう？」というのがあったのは、今お話ししているときが最初です。

向こうの星へ行きまして、教育とか政治のまつりごと、祈りのまつりごと、治療を24時間で見せてもらいました。24時間、起きっ放しです。私の時間感覚の中で24時間。惑星間のオープンな交流が始まっている星であれば、もっと長く滞在することができるんですけれども、地球はまだオープンな交流が始まっていないので、24時間と時間向こうの星へ行きまして、教育とか政治のまつりごと、祈りのまつりごと、治療を24時間で見せてもらいました。

その星の霊的な中心者、その星の存在の弥栄《いやさか》を祈る、地球でいえば天皇陛下のような存在から招かれて、使いの人が来てくれて、行った。

が短いのです。その星の霊的な中心者、その星の全ての存在の弥栄《いやさか》を祈る、地球でいえば天皇陛下のような存在から招かれて、使いの人が来てくれて、行った。

教育は、生まれる前に計画してきたその人生における学びをちゃんと学べるようになっています。一人一人の生まれる前に選んできた計画がとてつもなく神聖なものだという共通認識が、その惑星の住人の中にあるので、最大限の敬意を払われるわけです。地球でいえば、輝かしく見える人生もあるでしょうし、そこまで輝かしくない、みっともない人生もあるのかもしれませんが、その星の中で、どのような人生に対しても最大限の敬意が払われます。

そこもものすごく進化した星ではなくて、地球よりちょっと進化しているぐらいの星なので、若干地球と似たところもあるのです。その道を外れそうになったら、教育者の立場の人とか周りの大人が、道を外れないように修正してあげて学ぶというシステムになっているのです。

医療は、メスを使うような病気はなくなっていて、治療といいましても、医療行為はオーラに働きかける調整で完結します。それは音と光を使って調整するわけですけれども、光と音が人体のオーラに働きかける仕組みです。星と星の間にも同じ原理が働くし、惑星全体にも同じ原理が働くんだという説明も受けました。

ものすごく進化した星ではなくて、地球よりちょっと進化しているぐらいの星なので、若干地球と似たところもあるのです。

医療は、メスを使うような病気はなくなっていて、治療といいましても、医療行為はオーラに働きかける調整で完結します。

政治のまつりごとと祈りのまつりごとは一体化しているので、今の地球のお祭りのようなにぎやかなまつりごともあれば、厳粛なまつりごともあるのです。見せてもらった中では、女性が正8角形に並んで祈りを捧げている場面もありました。星の針路といいますか指針は、考え出すものでなくて、祈りを通して見出《みいだ》すものなので、こっちの団体とこっちの団体の意見が対立するようなことはないのです。祈りによって見出されたものには敬意が払われるので、大まかな方針が導き出されたら、あとは個人個人がそれを自分の胸の中に入れて、自分の立場の中で表現するという方法がとられておりました。

そんなことをいろいろ見せてもらいました。教わったわけではないのです。教えてくれるわけではなくて、ただ案内して見せるだけ。向こうは、教え込もうとか、そういうのはさらさらない。どれだけ学べるかは僕次第。

最後は帰るときが来て、「ここに来た記念にこれを差し上げます」と、封筒のようなものを渡された。そこには17枚の紙のようなものが入っているんです。渡されたときに言われたのは、人は通常、数回の人生で一つの物事を学ぶ。数回というのは3回とか5回とか、それくらいを指している雰囲気でした。ところが、おまえのこのたびの人生は、ごく普通の立場として生まれてくるけれども、大変実りの多い人生になっ星の針路といいますか指針は、考え出すものでなくて、祈りを通して見出すものなので、こっちの団体とこっちの団体が対立するようなことはないのです。

祈りによって見出されたものには敬意が払われるので、大まかな方針が導き出されたら、あとは個人個人がそれを自分の胸の中に入れて、自分の立場の中で表現するという方法がとられておりました。

ていて、一回の人生で17の事柄を学ぶ。

それを1枚ずつ見ていくと、おそらくホツマ文字とかヲシテ文字と言われる文字ですね。でも、僕がそれを見たときには現代日本語として頭で理解できたので困らなかったのです。

松久　意味はわかったんですか。今覚えていますか。

別府　はい。最後にくれたんですけれども、僕はそれを読んで、封筒にしまって帰ることになった。今度は自宅から50メートルぐらい行ったところに降ろされて、封筒を持って、ああ、まだ4時か4時半ぐらいかなと。

松久　向こうでは24時間の感覚で、地球では3時間ですか。

別府　2時間ぐらい。

松久　やっぱりそうだろうね。

別府　2階へ上がったら、まだみんな寝ているので、俺ももうちょっと寝ようかなと思って、床の間にその封筒みたいなのを置いて寝たんです。6時半ぐらいに目が覚めて、床の間を見たら何もなかったんですよ。あれっとなったんです。

17枚のメッセージ

別府　ただ、そのときに1枚だけ、その内容を覚えていたんです。それが、「あらゆるものは永遠の進化の道を歩んでいる。至らぬ部分を見たときも、全ては必ず進化していくということに完全な信頼を置いて接するように」ということだったのです。

松久　それはすばらしいね。その言葉はすばらしい。

別府　その1枚だけははっきり覚えている。あとは幾つかあるんですけど、そのうちの一つは、「宇宙の全てのものは愛から生じている。おまえは近いうちに体験を通して、そのことを知ることになる」と。それが地球の核の湧玉《わくたま》と宇宙人から言われるものが生まれ変わったときに、あっ、書かれてあったことだと思い知りました。

湧玉という、地球の水晶玉のような透明な玉は、龍を産めない玉のまま、ずっと来ていたんです。それが1997年8月1日に生まれ変わったんですけれども、2019年に生まれた天皇の龍は、その湧玉から生まれたのです。松久先生の龍は、一度地ただ、そのときに１枚だけ、その内容を覚えていたんです。それが、「あらゆるものは永遠の進化の道を歩んでいる。

至らぬ部分を見たときも、全ては必ず進化していくということに完全な信頼を置いて接するように」ということだったのです。

その１枚だけははっきり覚えている。

あとは幾つかあるんですけど、そのうちの一つは、「宇宙の全てのものは愛から生じている。

おまえは近いうちに体験を通して、そのことを知ることになる」と。

球の核にパーンと飛び込んだのです。

松久　すぐ暴れるんですよ。

別府　2019年3月30日に飛び込んで。

松久　オーストラリアで飛び込んだ。

別府　4月3日に、7体の龍が飛び込んだ湧玉の上に天皇陛下の虹の龍が生まれた。

僕が認識できる範囲では、地球にそのことができたのは初めてなんです。それまでは、地球の核の湧玉が龍を産めない湧玉で、それは鎌倉時代の土御門《つちみかど》天皇の失敗が長引いていたんですけれども、天皇は地球の全ての存在の弥栄を祈る存在なのに、それまで地球は、天皇の龍が湧玉のそばにいることができない状態だったのです。

それが1997年8月1日に湧玉が生まれ変わった。そのときには、僕はこれは龍を産める湧玉だということは理解していなかったんですけれども、2019年4月3日に龍が湧玉の上に浮かんだときに、ああ、そういうことだったのかと気がつきました。

松久　1997年のときは、既に湧玉のことを認識されていたのですか？

別府　湧玉は認識していました。

松久　早いですね。まだ若かったですか。

別府　29歳です。ですが、湧玉の誕生はすごかったですよ。魂がうねり合って。子どもを産むときには肉体のセクシュアリティを通して生まれます。そうではない場合もあるんでしょうけれども。湧玉が生まれるときは魂のセクシュアリティのうねり合いですね。魂にセクシュアリティみたいな力があることを知らなくて、そのときに身をもって体感したのです。

だから、男性とか女性みたいな性は、宇宙の根源的な力を持ったものだと思います。

松久　17枚のことで、ほかに覚えていることはありますか。

別府　適切な言葉を選べているかどうかちょっと自信がないんですけど、「物事を進めていくのはその人の長所です。短所を克服するために費やした努力がそれを支えますが、最終的にその人を救うのは、その人だけが持っているどうしようもなく醜い欠点です。この欠点によって、最後にその人が救われる」。

松久　きのうの私の話と同じです。欠点を大切にしなさいという話をしました。

別府　宇宙のタイミングがぴったりですね。

長所と欠点の循環とか、秩序と混沌《こんとん》の循環とか、永遠と瞬間とか。永遠と永遠のはざまに瞬間があって、瞬間と瞬間のはざまに永遠があるみたいな。

松久　これは深いね。

「物事を進めていくのはその人の長所です。

短所を克服するために費やした努力がそれを支えますが、最終的にその人を救うのは、その人だけが持っているどうしようもなく醜い欠点です。

この欠点によって、最後にその人が救われる」

別府　メビウスの輪みたいなもので。

松久　無限大のトーラスみたいな。

別府　物事を長所で進める部分と、最後は長所だけではどうしようもない、行き詰まったときに欠点によってそれが救われるという循環もあるというのが、僕の人生で学ぶ17のうちの一つらしいんです。

松久　私は欠点がものすごく大きいんですよ。欠点だらけなんです。でも、それを愛しています。

別府　すばらしい。さすがですね。

　人というものは、もちろんご自身の中に、これはもう勘弁してほしいなとか、今は見たくないという醜く見える部分とか、他人の中にそういうのを見て、ちょっと目をそらしたくなるときがあるのかもしれませんけれども、最終的に人を救うのはそこだということがあれば、少なくとも謙虚な気持ちになったりということはあると思うのです。

松久　すばらしい。ほかには？

別府　僕、幾つかメモしてあったんですけど、今思い出せませんね。でも、幾つかあったと思います。まだ17全部を学んでいないのです。まだちゃんと気づいていない。

物事を長所で進める部分と、最後は長所だけではどうしようもない、行き詰まったときに欠点によってそれが救われるという循環もあるというのが、僕の人生で学ぶ17のうちの一つらしいんです。

松久　これからだ。

別府　一回全部見せてもらって、ヲシテ文字のような文字で読んで理解したんですけど、地球に戻ったら忘れている。僕がその気づきを体験したときに思い出せるようになっているんです。

保江先生のこと

松久　質問ですけれども、僕はみろくスクールをやっていて、今の3次元で教えていることの逆を教えているんですよ。いいことは悪いとか、褒めることは叱る。叱られることは褒められる。そういうのを教えているんですけど、シリウスの教育は、いいところだけ、長所だけとって、あとは全部見捨てるという話は別府先生ですか。保江先生ですか。

別府　それは保江先生が独自に解釈なさって、保江先生のお考えのもとにお話しなさっている内容だと思います。

僕はみろくスクールをやっていて、
今の3次元で教えていることの逆を
教えているんですよ。
いいことは悪いとか、褒めることは
叱る。叱られることは褒められる。
そういうのを教えているんです。

松久　宇宙の教育現場を見せてやると言われて、いろいろ見せられたと彼は言っています。

別府　そうですか。講演のときは、保江先生もちょっとおふざけキャラを入れてお話しなさっているんです（笑）。ドルフィン先生もそうだと思いますけれども、ふだんの素のままのお姿と違って、講演会なんかでお話しなさるときのキャラは、ちょっとつくり上げている部分もあると思うんですが。

松久　あの先生はとにかく面白い。スティーブ・ジョブズになっちゃう。

別府　その部分で独自の解釈をなさっていたんじゃないかと思います。ただ、それが違うかと言われると、またそれは別の問題だと思います。

例えば、17枚の紙に描かれたものは、地球の鉛筆みたいに、直接つけて書かれたものではないんです。ちょっと近づけて、意識で転写されるのです。でも、そんなことは保江先生に一言も言っていないんですよ。それなのに講演会でそういうことを話しているんです。「あれは書いているんじゃなくて、書かずに、置いたままで書ける」と保江先生は言っているんです。

保江先生は、話しているときは俺はちっとも覚えていないんだと、ちょっとおとぼけキャラにしていますが、実際にはそうとは言えないですね。

松久　一緒にUFOに行ったら保江先生が騒いでいるとか。

別府　あります、あります。

松久　いつも同じ日本人がいるという話をして。

別府　しょっちゅう一緒になるのです。

松久　UFOの中で。

別府　ええ。面白い話で、僕は松久先生と一緒に白金に行ったのが、初めて白金に行ったときなんですけど、そのとき歩きながら、あっ、ここは保江先生が歩いた場所だというところが2カ所あったんです。でも、家に帰ってメモの日付を見てみたら、保江先生が東京へ来る前です。まだ岡山に住んでいるときです。岡山に住んでいたのに、宇宙船に乗るときは東京を歩いていた。

松久　時間が飛んでいるということ？

別府　時間が飛んでいるんだか、保江先生が飛んでいるんだかわからないですけど、たぶん保江先生が飛んでいると思う。アストラル体か何かで来ていると思います。

例えば、いいほうに手助けしたい宇宙人が、時々は肉体をとって作業をする。地球人から見て、地球人そのものに見えるように、そういう肉体をまとって降りてくる。でも、残忍な系統の宇宙人というのか意識は高度な科学技術を持っているので、見破られてしまうんですよ。見破られて攻撃をもろに受けると、いい宇宙人でも能力をほとんど発揮できなくなっちゃうんです。

そういう攻撃を受けないためのテレポーテーションはこんなふうにやるとか、そこに体があるのに相手からは見えないようにする方法というのを実演してくれたわけです。

目の前で消えるし、ここにいたのにポッと消えるので、そのたびに保江先生はウワーッとなる。

松久　宇宙船の中で先生が騒ぎまくっている。

別府　世の中には、えらい楽しい人がおるものやなと思っていたら、それが保江邦夫先生だった。だから、偉そうにしているとか、全然そんなのじゃないですよ。本当に好奇心旺盛な、近くにいると体がポカポカしてくるような方です。講演会なんかではちょっとおとぼけキャラとかおばかキャラになりますけど、そんなことはありません。

ドクタードルフィンも別府さんも同じことを言っていた！

松久　今、面白い話を聞かせていただいて、すごくラッキーだったと思います。四国リトリートに花を添えていただきました。

　最近、ぜひお会いしたいですとお声をかけていただいて、私もイベントが多過ぎてなかなか会えなかった。やはり四国ということで、なぜ四国かというあたりから含めて、この時期に会うことになっていたんでしょうね。

　きょうのお話を聞いたら、私がきのう言っていたお話そのもの。こんなことを言う人は世の中にいないと思っていたら、同じことを違う言葉で言っていた人がここにいた。すごく不思議で面白いことです。

　今聞いておわかりのとおり、皆さんの人生は全て最高に進んでいるのです。私がいつも言っていることで、既に皆さんは最高の方向にしか進んでいないのです。あとは方向性だけ何げなく持っていたら、そこに着くということです。そのために、過去生の自分があなたをサポートしたり、未来生の宇宙人のあなたがあなたをサポートしたり、そういうふうに宇宙の真相は皆さんが思っているより面白い。

あなたが思っていないような存在がいるし、あなたが思っていないようなサポートが、思わぬところであなたを助けてくれることが非常にたくさんあるわけです。実際に世の中では裏切られたり、みじめな思いをさせられていたとしても、実はそれはみずから望んでしているだけであって、高次元のサポートが、そこから皆さんを気づかせたり学ばせようとしているということが見えてくると、どんな問題も持っていいと、わかるのです。それを手放すのではなくて、持ってそれを味わい尽くす。たっぷりとおいしくいただくということが、人類の進化にとって最も大切な生き方ではないかと思うわけです。

きょうは別府さんに唐人駄場に一緒に行っていただいて、安心して行くことができました。この日にお会いして、一緒に連れていっていただくことはおそらく約束されていたことなので、そういう意味では感慨深いです。その約束を果たす日に皆さんにご同行いただいた。それも約束されていたのではないかと考えると、非常に感慨深いすてきな日だったと思います。

もう一度、別府さんに大きい拍手を。またお会いできると思うし、何かの機会にぜひ来てくださいね。ありがとうございました。

Part 5

ユダと最後の晩餐
驚愕の
高次元完結ストーリー

秋の高知・愛媛

高次元☆修学旅行

5日目

ツアー初日、高知城で空海と龍馬がお出迎え

松久　果たして何が起こるか、未知の世界への挑戦であった5泊6日のドクタードルフィン「秋の高知・愛媛　高次元☆修学旅行」として、合宿スクールを兼ねたリトリートツアーをやってまいりました。皆さんのお志のおかげで、いよいよラストナイトを迎えました。

今回はなぜ四国に来たか。出発する数日前までわからなかったけれども、私は、出口王仁三郎たちが言う弥勒の世を開いてきました。菊理姫神を開いてから加速して、最近もいろんなエネルギー開きをしてきたという経緯があります。本当に世直し、世づくりの大きな局面に入ったということです。

弥勒の世という愛と調和の世界は、個の独立と融合です。今までは個の喪失と統合でしたが、まさにレムリアの世、愛と調和の縄文エネルギーを再興させるだけでなく、次元上昇させて、この世の中に生み出す。そのためには我々同じ次元で生きている人

間のサポートでは非常に不十分で、大して変わりません。高次元の存在たちのサポートを得る必要があるということで、私は神開きを行い、屋久島の屋久杉などガイアの生命を開いてきました。

高知に来たのはなぜかというと、私の過去生である空海、龍馬を癒やし、次元上昇させてこの世に出す。二人に共通しているのは、本当に伝えたかったメッセージが伝わらずに最期を遂げているということです。彼らはそのことが非常に無念であった。とくに龍馬は悲しみと怒りが強いので、私がその無念と悲しみと怒りを癒やして、この世にエネルギーとして大きく出す必要があったということが、今ようやく明確にわかったわけです。

振り返ると、初日は龍河洞と高知城に行きました。龍河洞のすごい鍾乳洞の中をずっと歩きました。龍のエネルギーは、まさに空海のエネルギーそのものであるわけです。龍馬にも龍のエネルギーが乗っています。私たちは、そこで、彼らのエネルギーを最初に感じました。四国へのご挨拶みたいなものです。

その後、高知城へ行きました。私は何のために行くのかわからなかったのです。私が一人だったら、たぶんお城なんか行かないと思う。歩くのが面倒くさいんだもの。大変な石段があって、結構歩きました。しかも、お城の中のギーギーいう床を歩いて、高知に来たのはなぜかというと、私の過去生である空海、龍馬を癒やし、次元上昇させてこの世に出す。二人に共通しているのは、本当に伝えたかったメッセージが伝わらずに最期を遂げているということです。

天守閣の一番上まで行きました。

戦争でも燃えずにそのままの姿で残っている天守閣は魅力がありました。全員が天守閣に上ったときに、屋久島に行ったときも何百匹とあらわれたクロアゲハと、キアゲハのつがいが私たちの前にあらわれて、天守閣のあたりをずっと飛んでいて、最後は上に上がっていきました。高知市を見下ろすあんな高い場所で、しかも、普通はクロアゲハならクロアゲハで、キアゲハならキアゲハでつがいになるべきものが、その瞬間はなぜかクロアゲハとキアゲハという違う種類のつがいが、同じくらいの大きさのつがいが、ずっと舞って、上に消えました。

私がすかさずエネルギーを読んだら、クロアゲハが空海、キアゲハが龍馬として、私たちを出迎えてくれたのです。「待っておったぞ」ということで、まず蝶《ちょう》の感動的なお出迎えを得ました。

2日目は、何といっても御厨人窟《みくろど》です。御厨人窟は空海が19歳で修行をした洞窟であり、解脱、悟りを開いた場所である。

その場所で私が祈って、エネルギー開きをしているときに写真を撮ると、非常にきれいな空海のエネルギーが出ていました。自分が伝えたかったことを、四国の八十八ヶ所を回って民衆に伝えようとしたのですが、結局、彼の教えは中途半端な形でしか全員が天守閣に上ったときに、屋久島に行ったときも何百匹とあらわれたクロアゲハと、キアゲハのつがいが私たちの前にあらわれて、天守閣のあたりをずっと飛んでいて、最後は上に上がっていきました。

私がすかさずエネルギーを読んだら、クロアゲハが空海、キアゲハが龍馬として、私たちを出迎えてくれたのです。

「待っておったぞ」ということで、まず蝶の感動的なお出迎えを得ました。

この世に残らなかった。そういう無念さがあったところを私が癒やして、そこを修正して、空海に世に出てもらったというのが、2日目の日程でした。

その後、夜のパーティーで皆さんの望みを言ってもらって、毎日、私が3連発でDNAを書き換えました。きょう、もう一度、最後の書き換えをします。これは私が神楽坂のヒカルランドみらくるで「むげんだいの部屋」をやっていたときに、一人11万円でやっていたのと同じ価値があるわけだから、4連発で50万円の価値があります。

でも、いつも言うように、50億円ぐらいの価値があるのです。私のエネルギーは誰もついてこれない飛び抜けたエネルギーであって、一人一人が望んだ方向に必要なDNAコードを生み出して、その場で入れて書き換える、プラス、アドバイスもする。その書き換えを4日間連続でします。

アルクトゥルスの門戸が開く

松久　3日目になると、龍馬に会いに行ったわけです。桂浜の龍馬像のところで皆さんで集まったあと、記念館を見て、龍馬のエネルギーを桂浜で開きました。

開いたときに何がわかったかというと、今回の高知リトリートは、もちろん空海と龍馬のエネルギーを開いて、次元上昇させて、弥勒の世をつくるのを彼らにサポートしてもらうのが一番の目的ですが、それ以上に一番のメインだったのは、実はアルクトゥルスのサポートを地球に直接受け入れるように私が地球エネルギーのグリッドを変えることでした。

今までは、シリウスのエネルギーは地球に届いていました。だから、レムリア文明ができて、縄文文化ができた。いずれ『ステラスーパーアセンション』という本を出版する予定ですが、私が宇宙文明の書き換えをしたのです。シリウスA、B、C、D、Eをなくして、ネオシリウスとして融合させたことによって、アルクトゥルスのエネルギーが直接シリウスに入るようになった。そうすると、アルクトゥルスのエネルギーがシリウスから直接届く。アルクトゥルスのエネルギーが直接入るようになったのは、2019年の秋分の日です。

でも、アルクトゥルスエネルギーが入るという宇宙のグリッドをつくって、受け入れる体制になっていたのですが、実際に地球は受け入れていなかった。まだ届いていなかったのです。もう届いてもいいとエネルギー・グリッドは開いてあったのですが、

今回の高知リトリートは、空海と龍馬のエネルギーを開いて、彼らにサポートしてもらうのが一番の目的ですが、それ以上に一番のメインだったのは、実はアルクトゥルスのサポートを地球に直接受け入れるように私が地球エネルギーのグリッドを変えることでした。

私が宇宙文明の書き換えをしたのです。

シリウスA、B、C、D、Eをなくして、ネオシリウスとして融合させたことによって、アルクトゥルスのエネルギーが直接シリウスに入るようになった。

実際にアルクトゥルスのアクションが起こっていなかった。地球が受け入れるというアクションも起こっていなかった。つまり、まだ実現していなかったのです。門戸は開いたけれども、実際にエネルギーが入っていなかった。

高知の別府先生は、アルクトゥルスのエネルギーは北極星の方向から入るということを宇宙から伝えられているそうです。それはダイヤモンド・エネルギーのことです。ダイヤモンド・エネルギー、かつ、ライオンのエネルギーだということです。これは後でお話しします。

桂浜で私が龍馬を開いたときに、水面が白くダイヤモンド色にすごく光りました。ダイヤモンドは7色を持っているのですが、最も光ると真っ白になるのです。ダイヤモンドの光がバーッと出ました。あれによって龍馬が完全に開いたのです。

前日に御厨人窟で空海を開いてあったから、空海と龍馬が開いた。私は、ベトナムで空海の龍のエネルギーと龍馬の鳳凰のエネルギーの両方を開きました。出口王仁三郎が言うように、弥勒の世とは世を壊して世直しすることです。これはまさに龍馬の生き方です。空海も、全く新しい人間の生き方をつくろうとした。まさに同じだったのです。今、世直しに一番必要なアルクトゥルスのエネルギーを地球に降り注がせて、受け入れるためには、実は空海と龍馬のエネルギーを同時に開くことが必要だと私はアルクトゥルスのエネルギーは北極星の方向から入るということを宇宙から伝えられているそうです。

それはダイヤモンド・エネルギーのことです。

ダイヤモンド・エネルギー、かつ、ライオンのエネルギーだということです。

気づいたのです。

桂浜の水面で龍馬を開いた瞬間、空海と龍馬が両方開かれ、アルクトゥルスのエネルギーが降り注ぐようになったのです。しかし、あの時点では、アルクトゥルスが完全に地球に届いて、定着する状態にはまだなっていなかった。

その後、桂浜から見える岩の上にある海津見《わたつみ》神社（竜王宮）に行って、お祈りしました。結局、空海と龍馬はよく似たエネルギーなのです。空海は陰で、龍馬は陽と、タイプは違うのですが、量子力学的に言うと両方必要ということです。空海が龍であって宇宙の叡智であって、龍馬は鳳凰であって地球の叡智である。両方開いたことによって、アルクトゥルスの門戸が開きました。

別府先生がその前に見に来て、アルクトゥルスはライオンのエネルギーだ、弥勒の世を定着させるのにライオンのエネルギーが必要だと言われました。私は意味がわからなかったです。ライオンって何？　とか、ヒョウじゃないの？　とか、獅子じゃないの？　とか、いろいろ言っていたのですが、ライオンだということでした。

私は、桂浜の帰りにあるお土産屋の前を歩いているときに、土佐犬のすごくリアルな一刀彫を見た瞬間、これが欲しいと思いました。大きさはいろいろあったのですが、顔を見てこれだと、まあまあ大きいのを買いました。それを見たときに、土佐犬には結局、空海と龍馬はよく似たエネルギーなのです。

空海は陰で、龍馬は陽と、タイプは違うのですが、量子力学的に言うと両方必要ということです。

空海が龍であって宇宙の叡智であって、龍馬は鳳凰であって地球の叡智である。
両方開いたことによって、アルクトゥルスの門戸が開きました。

空海のエネルギーと龍馬のエネルギーが乗っかっていることがわかったのです。

別府先生が私にノートパソコンで「これが地球が弥勒の世に入るときのエネルギーの猛獣の絵です」と見せてくれました。顔には鳥のくちばしがあって、胴体は馬かライオンのようで、翼がありました。地球のエネルギー鳳凰と、シリウスのエネルギー、ペガサスを合体させた動物だったのです。それがライオンのエネルギーとしてアルクトゥルスから降り注がれるということです。

高次元で捉えれば、鳥のくちばしと、馬とかライオンのような胴体の猛獣みたいな絵になるのですが、土佐犬を見たときに、3次元的に捉えると闘犬に使う土佐犬のエネルギーがライオンだと思って、私は土佐犬の一刀彫を買ったのです。あれには空海と龍馬、両方のエネルギーが融合して乗っかっている。私がエネルギーを読むと、土佐犬がそういうふうに答えてきたのです。非常に面白いことがわかってきました。

つまり、日本では土佐犬がライオンの役割をしていて、アルクトゥルスのエネルギーを最初に入れるには、土佐でないとダメだった。だから、私がこのタイミングで四国にやってきたのです。非常に奇跡的なことでした。

その日の午後はかっぱ館に行ったり、海洋堂ホビー館に行って高次元のエネルギーと遊びました。

日本では土佐犬がライオンの役割をしていて、アルクトゥルスのエネルギーを最初に入れるには、土佐でないとダメだった。

だから、私がこのタイミングで四国にやってきたのです。

一刀彫の土佐犬

アルクトゥルスが唐人駄場に舞い降りる

松久　4日目の朝は、四万十川でカヌー体験です。私はカヌーに乗らなくてよかった。カッパに引きずり込まれて転覆した人もいました。カヌーと遊覧船に分かれたのです。皆さんは、「先生、やりましょう」と直前まで私を川に引きずり込んで、溺れさせようとしているのがミエミエだったので何とか逃れましたが、あれは面白かった。

その後、ついに唐人駄場に行きました。唐人駄場はすごかった。まず、あの石の大きさ。千畳敷岩という、千畳もあるような石。それにもう少し小さな岩が組み合わされたものが、頂上に幾つかありました。

普通ああいう聖地は中に入れないのですが、幸い、唐人駄場は石の上に上っていい。別府先生が「ここから行けますよ」と案内してくれて、私たちだけだったら行けなかったかもしれないところをスーッと行って、千畳敷岩の上に座りました。

その前に、唐人駄場では、まず遺跡のほうに行きました。そこで別府先生が「ここは地球のエネルギーとつながるところです」と言ったところは、龍馬のエネルギーでした。地球の叡智、スーパーガイアのエネルギーを改めて私が開き直して、次元上昇、パワーアップさせた。太陽でパーッと暑くなりました。

その後、移動して千畳敷岩まで上って、今度は宇宙の叡智を開いた。これは空海のエネルギーです。そうしたらバーッと涼しくなって、その瞬間にアルクトゥルスが唐人駄場の磐座に完全に舞い降りたのです。

今までもアルクトゥルスのことを言う地球人はいっぱいいました。つながれる人もいっぱいいいたし、いろいろメッセージを降ろしてくる人もいたようですけれども、実際にアルクトゥルスの星自体が地球にエネルギーを完全に解放したということはなかったのです。たまに瞬間的にエネルギーとつながって、メッセージを降ろしていたけれども、常にアルクトゥルスのサポートが入らない。今までは、おかげさまでシリウスのサポートがずっと続けて入っていたのです。これで地球は何とか弥勒のほうに向いてきたのです。今まではシリウスよりもプレアデスのエネルギーが強かった時期があったので、戦争をやってきましたが、今はシリウス主導になって、プレアデスはちょっと残るけれども、今は愛と調和の弥勒のほうに向かってきました。

一番強烈だったのは、きのうの午後3時15分にアルクトゥルスを開きました。卑弥呼とジーザスを開いた日が3月15日でした。ジーザスが生まれ変わった日でもあります。315は「最後（サイゴ）」とも読めますが、「最高・再興（サイコー）」という意味のほうが強いのかもしれない。その時間に、唐人駄場は完全にアルクトゥルスとつながりました。宇宙から見ると、エネルギーを感じる人は、四国の高知の唐人駄場にアルクトゥルス、ダイヤモンドのエネルギーが降り注いでいる。真っ白な光のエネルギーが降り注いでいるという状態になったのです。

アルクトゥルスのダイヤモンドのエネルギーが入るようになれば、あとはアンドロメダの紫のエネルギーが入るのを待つだけになります。弥勒の世が非常に進みやすくなった。そのお仕事を、今回、私は宇宙にさせられたのです。

その後、夕方になって足摺岬へ寄りました。そして、きょうの朝、早起きして白山《はくさん》洞門《どうもん》に行きました。そのエネルギーを私が読むと、まさに今、私が定期的にリトリートをやって、祈りを捧げて、エネルギー開きをしている伊豆下田の龍宮窟と全く同じエネルギーでした。私はそのことをわかっていたので、朝、行くことになったのです。

別府先生も「熊本の幣立《へいたて》神宮のエネルギーがここに降りています」と言っていました。彼はよくわかっています。伊豆下田の龍宮窟は大宇宙大和神《オオトノチオオカミ》が舞い降り、私の魂に入り込んだ土地です。その同じエネルギーが、この足摺岬の白山洞門にも舞い降り一番強烈だったのは、きのうの午後3時15分にアルクトゥルスを開きました。卑弥呼とジーザスを開いた日が3月15日でした。

ジーザスが生まれ変わった日でもあります。

315は「最後（サイゴ）」とも読めますが、「最高・再興（サイコー）」という意味のほうが強いのかもしれない。

アルクトゥルスのダイヤモンドのエネルギーが入るようになれば、あとはアンドロメダの紫のエネルギーが入るのを待つだけになります。

弥勒の世が非常に進みやすくなった。そのお仕事を、今回、私は宇宙にさせられたのです。

ていたわけです。

ホテルの前の代表だった人が案内人になってくれて、面白いおじさんで、戯れながら聞いていました。白山洞門の写真を見るとハート形の穴があいていて、岩の上に白山神社が建っているのです。本当に小さい神社でしたが、「何の神が祀《まつ》られているか知っていますか」と言うから、「菊理姫神」と答えたらびっくりして、「私は1万人以上案内したけれども、菊理姫神を知っている人はあなただけです」と、えらく褒められた。結局は、イザナギとイザナミと彼は説明していました。菊理姫というとわからない。

菊理姫神が真上にいるのです。つまり、大宇宙大和神でもあるのです。私は菊理姫神を開いたので、全部絡んでくるのです。

もう一つドキッとしたのは、白山洞門の反対側にある小さな山の上で、空海が白山洞門を見て、ここはすごい、ここのエネルギーは日本の最も高い神のエネルギーが降り注いでいると感じた。だから、寺を建てて空海のエネルギーが降り注ぐようにしたそうです。すごいところなのです。空海のエネルギーと神の最も高いエネルギーが降り注ぐ。きょう、私はそこでお祈りしてきたので、その瞬間から、まさに空海のエネルギーが爆発したのです。

いずれにしても、空海がキーだったのです。真言密教ということで、即身成仏、即、身をもって仏に成る。空海があらわれるまでは、日本では顕教ですから、自分の外にある、あらわれているもの、見えるものを勉強して、時間をかけて徐々に仏になるという教えだった。空海が出てきて、中国に勉強に行ったという経緯もありますが、即身成仏ということで、人間の生き方の教えをいきなりひっくり返すのです。

空海と龍馬の生き方は、今、私が言っていることと全く同じなのです。私も一瞬でスーパーハピネス、異次元に入れる、自分の最も高い次元に入れると言う。仏になるということです。龍馬が「日本を今一度洗濯いたし申候」とか、「我がなすことは我のみぞ知る」とか、やっていることは私が言っていることと同じです。彼らは私のパラレル過去生であり、私が来るのを待っていました。

感動的だったのは、きのうです。唐人駄場の遺跡で私が「地球のエネルギーを開きます」と別府先生に伝えて、「過去に沈んだレムリア、ムーのエネルギーを癒やして、もう一度ここで次元上昇させます」と言って開いたときに、彼が突然私に寄ってきた。私は会って4回目だけれども、あんな顔は初めてです。ずっと涙目で私の顔をじっと見詰めて、「先生」と手を握ってきた。びっくりした。「僕、わかりました。思い出したんです。1万2000年前、ムーが沈むときを思い出したんです」と。

私はレムリアの女王（皇后）で沈んだけれども、ムーのときも、ムーの王子が皇帝になったときに私は皇后で、王子が皇帝になって1週間目に、小さい子どもを置いて沈んだのです。そのときに彼は親衛隊長をやっていて、私を守り切れなかった。その沈む直前に、「私は皇后様を、しかるべきときが来たら、この唐人駄場の地に連れてきますから」と約束したそうです。その1万2000年前の約束をあの瞬間に思い出したみたいです。

それまでは、何で私を唐人駄場に連れていくのかという理由も何もわからず、天の采配で彼が私を案内することになりました。ムーの皇帝の妻（皇后）であったドクタードルフィンを連れてくるときに、エネルギーを全部いいものにひっくり返しますからと1万2000年前に約束していたということで、私を連れていった。1万2000年待っていたということで、彼はすごく感動したようです。

彼が私を唐人駄場の遺跡に連れていくと約束していたということは、やはり唐人駄場がレムリア、ムーのエネルギーを再興するキーになるということがわかっていたのだろうと思います。さらに、その時期には、今まで地球に入っていなかった超高次元のエネルギー、つまり、アルクトゥルスが入るということがわかっていたのではないか。彼はＵＦＯに乗って宇宙人といつも接しているので、そういうことを直感で感じ彼が私を唐人駄場の遺跡に連れていくと約束していたということは、やはり唐人駄場がレムリア、ムーのエネルギーを再興するキーになるということがわかっていたのだろうと思います。

て、このときに唐人駄場にやってきたということです。

いずれにしても、アルクトゥルスとつながったということで、今回も非常に有意義でした。

ユダを癒やし、ジーザスが次元上昇する

松久　5日目のきょうは、坂の上の雲ミュージアム、松山城、そして、空海の石手寺《いしてじ》に行って、また空海に挨拶してきました。

こんなことを言うと、私はまた地球のみんなに怒られるけれども、ジーザス・クライストは私のパラレル過去生でもあります。先日、『我が名はヨシュア』(明窓出版)という本を出しました。

実はジーザス・クライストはシリウス出身ですが、その大もとは、アルクトゥルス出身なのです。彼のエネルギーの大もとであるアルクトゥルスが地球に降り注いだときにしか、彼のエネルギーは世に出ることができないと約束されていたのです。

実はジーザス・クライストはシリウス出身ですが、その大もとは、アルクトゥルス出身なのです。

彼のエネルギーの大もとであるアルクトゥルスが地球に降り注いだときにしか、彼のエネルギーは世に出ることができないと約束されていたのです。

私はイルミナティ、フリーメイソンを書き換えましたが、彼らを悪いやつだと言っているのではなくて、悪役なのです。弥勒の世に世直しするのに、彼らはなくてはならないすばらしい存在です。今は彼らを開いて、彼らに方向転換してもらっているわけです。

私、ドクタードルフィンが唐人駄場でアルクトゥルスをつなげたその瞬間に、ジーザスの封印が解けるということをにらんでいた。

ジーザスの封印とは何かというと、裏切り者とされるユダを、地球人類が憎んでいることです。13人の最後の晩餐《ばんさん》の中の一人で、ジーザスを裏切ったとされているユダは、悪者ではなかったのです。我々人類に学ばせるために、ジーザスを裏切るという役割をしていたのです。

私たちは、事務局を除いて、私を入れてちょうど13人だった。私がジーザスとして、あと12人を探していたのです。初日のホテル日航高知から、なぜか食事が縦並びの席が続いて、何でこんな最後の晩餐みたいになっているのと思ったのです。やはりジーザスのエネルギーがそうさせたわけで、アルクトゥルスがさせたと言ってもいいのです。

参加者の中のある人（Xさん）に、ちょっとショックなことをお伝えしないといけ

ジーザスの封印とは何かというと、
裏切り者とされるユダを、地球人類が憎んでいることです。
13人の最後の晩餐の中の一人で、ジーザスを裏切ったとされているユダは、悪者ではなかったのです。

ない。実は、参加者のXさんは、過去生でユダでした。いつもXさんにショックなことをお伝えするんだけれども、これは全部役割です。Xさんがレムリアを沈めたときは私はレムリアの女王だったし、Xさんが首里城を焼いたときも、その後、霊性の琉球王国を蘇らせたのは私ですから、結局、Xさんと私はコンビなのです。壊す役とつくる役、二人で菊理姫神エネルギーなんです。だから、二人いないとダメなのです。

今回、私はびっくりしたのですけれども、私がジーザスのエネルギーを持っているのと同時に、Xさんはユダのエネルギーをお持ちだったたんですね。ユダとしてお役割を果たされたということなんです。

あのときに、ジーザスをあのまま平穏に終わらせると、ジーザスの教えは広がりにくかったのです。あそこであいう悲劇があったから、それが世の中に広がって受け継がれるようになりました。

Xさんは、この時期が来るのを知っていたのです。きょうはアルクトゥルスとつながったので、XさんのDNAのユダの今までのネガティブなエネルギーをポジティブに書き換えます。彼は救われると思います。今まで罪悪感がちょっとあったのです。頭では忘れていても、魂の奥に、あのとき、ジーザスのお願いだったとはいえ、ジーザスを裏切ってしまったという思いがどうしても消せない。誰にお願いしてもダメだ。

その罪悪感は私しか消せない。私がパラレル過去生として許すと、アルクトゥルス、宇宙、地球の文明も全部許すことになるので、Xさんがさらに救われるわけです。

びっくりされましたか。

Xさん　やっぱり心に残っているのはユダですね。ユダヤ人も好きなんだけれども、どういう心で裏切ったのかなとか、ああいう物語を読むたびに、ユダに思い入れがありますね。

松久　あなたは脳では忘れているけれども、魂でそのことを全部覚えているので、どうしても気になってしまうのです。きょうから気にならなくなります。

今回のリトリートは、今思うと、地球をひっくり返すくらいの内容があったわけです。始まる前は、私は何をやりに来たのか、いつもそこから始まるのですが、終わるころになると、すごいお仕事をさせてもらいに来たんだなとわかります。

Xさんは最後の晩に来る必要があった。ジーザスが復活して、ユダが完全に癒やされて、両方ハッピーになることで、きょうは最後に新しい13人の晩餐会を用意してあります。恨みもない、みんながお互いに心を許し合った晩餐会です。地球で初めて行われる、あるべき神聖な晩餐会です。赤ワインを用意してもらいましょう。

今回、空海と龍馬を開く。それはいい。じゃ、次は何だ。アルクトゥルスとつなげ

Xさんは最後の晩に来る必要があった。

ジーザスが復活して、ユダが完全に癒やされて、両方ハッピーになることで、きょうは最後に新しい13人の晩餐会を用意してあります。

恨みもない、みんながお互いに心を許し合った晩餐会です。

地球で初めて行われる、あるべき神聖な晩餐会です。

るんだ。すごいことだからこれで終わりかと思ったら、そこにとどまらなかったのです。アルクトゥルスを開いたことによって、ユダも癒やされ、ジーザスが次元上昇する。

では、Xさん、立ってください。

私の大もとであるジーザス・クライスト、ヨシュアが、ここにいます。

私の仲間として信頼していたあなたに私を裏切る役割をお願いして、あなたが、ずっと、悪者とされてきたことに、私は今まで非常な悲しみと怒りを持って生きてきた。今、開かれて、アルクトゥルスが地球に舞い降りています。あなたが私と地球のためにやってくれたことです。私の怒りと悲しみを愛と感謝に変えます。

今このとき、この瞬間に、あなたの大いなる生まれ故郷であるアルクトゥルスの文明、エネルギーがあなたを称えます。宇宙の全ての人間があなたを受け入れます。あのとき、ありがとうございます。あなたに祝福あれ。エイッ！

アルクトゥルスが舞い降りています。アルクトゥルスがあなたを祝福しています。あなたはもう悪人ではありません。地球のヒーローになります。ユダこそがヒーローです。

高次元DNAを書き換えワーク

松久　続いて、一人一人の最終の書き換えとともに、あなたたちの最後の状況を私が判断します。このリトリートの最初にお願いした望みをもう一度言いなさい。

参加者K　私は、もっと自分だけに愛を注ぎますと言いました。

松久　エネルギーを読みます。

あなたはこのリトリートで随分変わっているはずです。あなたは愛を注ぐということがテーマで、宇宙が全部サポートしています。しかし、もう一歩のところは、あなたは「今ここ」の自分を差しおいて、理想の自分というか架空の自分、こういう愛でいっぱいの自分を常に描いている。理想の自分とか、こうなりたいという自分を描いた瞬間に、「今ここ」のあなたは消える。人間はそれに気づいていない。つまり、こうなりたい、これが理想というビジョンを思い浮かべた瞬間に、「今ここ」のあなたでなくなる。これを永遠にやり続けてもダメなのです。「今ここ」にあるあなたが愛でいっぱいと受け入れればいいだけです。

最後に書き換えますよ。

書き換えました。今あなたは、自分がこうなりたいという感覚はあまりないはずです。後で懇親会のときに、何を感じたかを言いなさい。

参加者E　私はいつも自分にウソをついているわけではないけれども、突き抜けることができない。

松久　素直な自分になりたいと言っていたんだっけ。最初の日に言ったことをもう一度言えばいいの。

参加者E　ハートが全開して、自分の壁を突き抜けて天と地とつながりたいと言いました。

松久　あなたは自分をどう見せよう、周囲、社会からどういう目で見られるか、どういう評価をされるかということで生きています。あなたがこうということがない。周囲が求めることをあなたに課しているだけです。あなたが実は宇宙的な次元でシナリオを捉えた場合に、周囲のエネルギーはあなたに全く影響しません。

でも、あなたが影響すると受け入れた途端に、ものすごく影響する。

そこは振り切ることが大事です。

本当になりたい自分をあなたがそのまま表現することができていない。それを今回のリトリートで勉強してきたわけ。

周囲の見る目とか評価は、あなたには一切関係ないし、影響しないの。実は宇宙的な次元でシナリオを捉えた場合に、周囲のエネルギーはあなたに全く影響しません。でも、あなたが影響すると受け入れた途端に、ものすごく影響する。私みたいに、私以外のエネルギーは私に全く影響しないとわかっていたら、全く影響しない。そこは振り切ることが大事です。

書き換えます。

最高になってやる。後でまた発表してね。

参加者I　最初に言ったのはビジネス界を変えるということで、オーナー社長の波動を変えて会社を変える。会社を調和に導くという本を出すと決めてスタートしている。

松久　ここに参加した5日前に比べると、自分をよく見せよう、偉く見せよう、すごく見せようという感情はだいぶ減ってきている。ただ、まだあなたは、本を出すということは自分を大きく見せようという意思が乗っかっています。

自分を大きく見せるために本を出すんじゃない。本というのは、世の中に生きている人間たちの魂を震わせるために出すのです。喜びと感動で包むために。あなたを偉く見せるために本を出すのではなくて、あなたが出す本のエネルギーによって、あなたでないとできない喜びと感動を読んだ人につくり出すために出す。そこを徹底しないとダメです。

そこは完全に振り切っていないから、そこを置きかえるように書き換えます。

後で報告して。

参加者B　私は何も感じることができなくて、常に周囲の人の判断を観察しているというか、自分自身の軸を持ちたいと言いました。

松久　このリトリートを通して、自分が強くなりたいとか、自分の軸をつくりたいという最初にあった強い思いが弱ってこないとダメなの。私はこうありたいとかこうなりたいというのが減ってきて、今のままの自分でありたいという感覚がふえてこないとダメなの。変わりたいという人間は変わらないと私が言うでしょう。だから、今の自分そのままでいると、たぶんいつの間にか変わっている。

書き換えます。今すごく書きかわった。

皆さん、最後はすごく変わると思います。皆さんが最後に発表するときは、このリトリートの最初に望んでいたことと同じ望みであっても、捉え方が全然違います。

参加者C　私は、魂が喜ぶと思うことにお金を喜びを持って手放しているので、そのお金が友達をいっぱい連れてやってくるように、そのことをお願いしますと言いました。

松久　最初のときに私がどう言ったか全部忘れちゃっていますが、お金を自分の魂の望みに使うことも、お金が友達を呼んできてくれるのに、大事なことがあります。あなたが一番気づかないといけないのは、そこにはお金自身の感情が抜けていることです。お金をハッピーにさせる。お金にやりがいを持たせてあげる。お金を愛と感謝で包むことをやらない限り、お金が自分でやりたいことをやるためのただの手段、友達を連れてくるためのただの手段あなたが一番気づかないといけないのは、そこにはお金自身の感情が抜けていることです。

お金をハッピーにさせる。

お金にやりがいを持たせてあげる。

お金が喜ばなければ、あなたのもとに寄ってこない。そこをしっかりやってください。

になってしまっている。お金があまり喜ばない。お金が喜ばなければ、あなたのもとに寄ってこない。そこをしっかりやってください。

　書き換えます。相当変わってくる。

参加者J　私は、嫌いなものや気に食わないものを含め全てを受け入れて、愉しく生きられるように願いたい。

松久　最初の日に、私はだいぶ変わってきていると言った。彼ほど変わってきている人間はそんなにいない。最初はすごくネガティブだったから、変わりやすかったということもある。それで命をかけ、生の狭間《はざま》をさまよっていたから、余計変わりやすいところがあった。

　ただ、彼の場合は、まだ善悪、嫌いなものと好きなものを分けています。つまり、嫌いなものもつき合いたいとか、自分が嫌いなものも好きになりたいという考えは、両極端に置いてものを考えているから非常に困るし、疲労しちゃってエネルギーを出しにくい。善悪をもとからなくさないとダメ。善悪をもとからなくして、中立に置いておいたらどのようにも動かせる。

　嫌いなものをあなたに引き寄せるのではなくて、物事の意味を最初に中立にしてやる。悪を善にしてもいいけれども、そこは難しいから、全部悪役だと中立にして生きる。

最後に書き換えます。これで相当変わった。

参加者H　私は、「楽愉《らくたの》」でお米をつくりたいと言いました。

松久　あなたは今、お米をつくったりいろいろやっています。最初は、自分の魂が選んできたテーマは、自分の使命、生きがいをつくるためだった。リトリートの最初のテーマは、この5日間で変わってしまったかもしれない。それぐらいこのリトリートであなたは変わる。

あなたは、理想の自分に常に意識をフォーカスしている。ということは、意識エネルギーが執着、消耗しちゃっていて、「今ここ」の自分に降り注いでいない。変わりたい、こういう理想の自分になりたいという思考、感情は、理想の自分をどんどん遠ざけている。いつまでたってもその距離感は埋まらないから、常に追いかける、既にあなたは理想の自分であるけれども、自分がまだ認識していないだけだということに気づくことです。

書き換えます。すごく変わったよ。すごいよ。

参加者F　私は、自分を100%愛し「今ここ」を生きると言いました。

松久　あなたは今、自己愛を持つことを魂が望んでいる状態ね。リトリートの最後の晩に、これがさらに書きかわる。ただ、あなたは、やはりこうあるべき、こうなるべきがいまだに強い。今まで培ってきたもの、教えられてきたものがまだ残っている。自己愛というのは、全部許すということです。何ひとつ変えない。何ひとつ成長もさせない。既に進化成長し切っているから、何も変わらなくていいということです。

書き換えます。これでぐっと入った。オーケー。

参加者G　インスピレーションが最高最大に起きてくるように、松果体を活性化してくださいと申し上げました。

松久　あなたも自分を成長させよう、進化させようということばかりで、今まだ進化していない、発展途上のあなたは愛に値しないと考えている。あなたは人を見る仕事、ヒーリングの仕事もしているけれども、ヒーリングの仕事でとくに大事なのは、人を癒やすことではない。医学もそうですが、とくにヒーリングの仕事で人を癒やしたい、社会を元気にしたいというのは大したことにはならない。一番大事なのは自分です。愛すべきは自分しかいない。

あなたは理想の自分ばかりにこだわって、「今ここ」の不十分な自分に愛を注いでいない。そこに全部愛を注ぐことで、あなたが勝手に進化し、成長していく。松果体がもっと活性してくる。

書き換えます。

参加者L　楽で愉しい。ぷあぷあが願いです。

松久　あなたは自分を自由に表現する。こういう人間だということを周囲に見せる。そういう表現をすることを地球に学びに来た。でも、自分がこうあるべきだ、自分という人間は人にこう見せるべきだ、こう見られるべきだという常識と固定観念がすごく強い。あなたは常識と固定観念を打ち破りたいといつも思っている。常識と固定観念をどんどんなくして、自由になりたいと思っているけれども、思えば思うほどあなたの常識と固定観念が邪魔している。

そういう場合にはどうしたらいいかというと、常識と固定観念を捨てようとするのではなくて、常識と固定観念に従っている自分もいいやつだ、すばらしいやつだと受け入れる。受け入れた上で、自分はほかの自分もあるんだ、どっちを生きて、どっちが善のあなたではない。常識と固定観念を悪としているから、あなたは抜け出せない。今の自分を全部受け取ってあげなさい。

書き換えます。楽で愉しい、ぷあぷあという宇宙の大もとのゼロポイントの生き方は、なろうと思ってなるものではありません。いつの間にか勝手に自然になっているものです。覚えておいて。

参加者A　お金にもっと愛されたいと言いました。

松久　それはお金に一番愛されにくい生き方です。私が最初のときに何と言ったかわからないけれども、お金があなたに寄ってこない。あなたから逃げていきやすい。なぜかわかりますか。愛は、高次元の宇宙的なベクトルは、自分から自分にしか向かわない。自分から外のベクトルもないし、外から自分のベクトルもない。自分が自分に向いているだけです。だから、一点です。どこも指さない。自分が自分を指しているだけだから。

その次に、少し次元が落ちてくると、自分の愛が外に行くだけです。もっと低い次元の地球社会に来ると、自分の愛が外に出ているから、ギブ・アンド・テイクというか、出たものは必ず戻ってくるわけです。

つまり、あなたはお金を愛していない。お金に感謝していない。お金に愛と感謝を乗せていない。お金を喜ばせていない。自分の愛をまずはお金に乗せることです。宇宙的には、お金があなたに愛を運んできてくれることはありません。人間は勘違いしている。

それは人間、女性も男性も同じです。自分が自分を愛している人間が成し遂げられる。自分が自分を愛している人間が外に放射して、それが返ってくるだけです。お金も全部同じです。

書き換えます。完全に入りました。

松久　今から修了証書を渡します。呼ばれたら前に出てきてください。

修　了　証

ドクタードルフィン四国特別合宿スクール

卒業者氏名

あなたは　上記合宿スクールにおける課程を修了されたことを

ここに証します

二〇二〇年十月五日

スクール長　　松　久　正

おめでとうございます。

以下同文です。

（一人ずつに、修了証を手渡す）

おめでとうございます。

乾杯した後、名前とおところを言って、今回学んだこと、自分で感じたことのスピーチをしてもらいます。

新生13人の最後の晩餐会（参加者はどう変わったか）

松久　新生の13人の最後の晩餐会をやります。

乾杯をした瞬間に、完全に許し合って、全てよしということになりますからね。

今まで長い間、皆さんに一緒にやってもらって本当にうれしかった。本当にありがとうと言いたい。それでは、今から乾杯します。

皆さんの人生がこれからも次元上昇し続け、皆さんの魂が喜びとともに世界で生きていけますように。そして、何よりも、今、私が皆さんのDNAを書き換えて、私がリーダーとして新たな13人、あなたたちは役割として来たのです。改めてお互い憎しみ合うこともない、責めることもない、怒ることもない、お互いが愛と調和で包まれる。私たちの最後の晩餐会を達成させることにより、地球上がそういう世界になる。

13人の最後の晩餐会は、地球上の人類の社会をあらわしていたということになります。

新しい自分の愛と調和の純粋な晩餐会に乾杯。

Xさん、最後にスピーチしてください。

参加者X　皆様、こんばんは。
きょう、突然侵入してきまして、流れに乗れない感じで来たところ、まさか自分がユダだったということで、衝撃の登場になってしまいました（Xさんは、Dさんと最後の1泊分だけ入れ換わった）。そういえば、自分は編集者で、編集者は常々黒子であるということを諸先輩方から教わってきて、とにかく陰に隠れていろんな先生を前に出して、こちらは後ろから見ているという形で、世間の火の粉やいろんな非難等も含めまして、先生方が受けてくれる。それを後ろで自分はサポートするという立場が自分に一番しっくりきていたのです。とにかく前に出てはいけない人間である。陰に隠れてそーっといろいろやってくるというのが本当に自分の性に合っていたことなので、きょう、ユダと言われたときに、なるほど、結構あるかなという気持ちを抱かせていただきました。

先月、『モナ・リザと最後の晩餐』という本をヒカルランドから出しました。「最後の晩餐」の絵を見ていると、やっぱり自分はいつもユダのところに目が行ってしまうのです。ユダが不思議なポーズをしていますから、そこにどんな意味があるのかというのが自分の思うテーマだったので、きょうすごく納得して、救われましたね。

その本の宣伝になっちゃいますけれども、13人いる人の手が音符になっている。あの手を音符に変えていくと演奏が紡げるらしいですね。それで演奏した音源もあるらしいのですが、まだ手に入れていません。

そして、ここは最後の晩餐をひっくり返したような最初の晩餐というのですか、そういう形になるということで、陰陽ですごく感慨深いものを感じました。ドルフィン先生、きょうは本当にありがとうございます。生まれ変わらせていただきます。

松久　皆さんも順番に、このリトリートで何を感じ、自分は何が変わったか、スピーチしてください。

参加者I　神奈川県から参りましたIと申します。

今回のリトリート参加の主な理由は、1冊目の本はことしの5月に出したのですが、それは出版プロデューサーと一緒に3年かけまして、経営者向けにわかりやすく、会社法をベースに類書のない形で出させていただいて、出版プロデューサーさんから、2冊目どうですかという話が来たのです。1冊目2刷りまで行きましたけれども、そこでちょっと足踏みしているところもあり、2冊目、どうしようかなとも思ったんですけれども、そういう声がかかるというのは、やるんだということで素直に受け止めて突き進むしかない。

実は私のやっているテーマは、自社株問題で経営権の話だとか、結構どろどろしたところに手を突っ込んで、そこの解明をする、会社の経営にスキをつくらないという趣旨でつくっているのです。ただ、私の本も悪用されるととんでもないことになっちゃうということで、どこまで書くかというのを考えたのですが、物事には必ず陰陽がある、全て書くということで出したのです。

結局は、会社の経営というところはずっと進んでいる。挑戦しない会社は絶対伸びないということになりまして、なおかつ、当初は1冊目も自分のブランディングのために書いた。ということで、本気モードで、自分のことはともかく……。

松久　何を感じて何を学んだかということが大事です。そこを言ってほしい。

参加者I　ドルフィン先生から、いろんなことを考えるな、直球勝負でいけというのが最初のアドバイスでした。今いただいたのは、そうは言っても自分を大きく見せるとか、自分のエゴが結構入っているんだということなので、もっと純粋に自分の思いをぶつけていくという方向でやることに決めました。

参加者B　神奈川県から参加したBです。

毎度、主人に連れられて来ているんですけれど、これは先生のエジプトのツアーのときに買ったものです。先生のお話は何度聞いても、正直言ってわけがわからないのですが、楽しめるような自分になれたということが変わったなと思います。

いつも主人が、引きこもりの人だった私と海外旅行にしょっちゅう行ったり、オールニューワールド、全く新しい世界を見るためのマジックカーペットを提供してくださるのがドルフィン先生で、主人がまた「奥様、お手をどうぞ」と言わんばかり何かもお膳立てして、私をすぐマジックカーペットに乗せてくれる人で、幸せだなと思っています。

松久　弥勒が来るよ。

参加者A　岡山から来ましたAです。

最近、もともと意識の領域の透明度が上がってきているなというのはあったんですけれども、今回、この旅に参加して、1日目、2日目、3日目と繰り返すうちに、意識の透明度の領域が内側から広がったという感じがして、その密度自体もすごくなったというのをめちゃくちゃ感じました。それがすごく面白いと同時に、本当に望むものが一切ないぐらいの感じになっていました。

ただ、お金を使った楽しみ方を地球でやってみたいというのがあったので、それを書き換えてもらったんですけれども、最後に言われたことで、感謝と愛をお金そのものに向けていなかった。

松久　お金の感情を入れる。

参加者A　そこが今回めちゃくちゃ大きく心に刺さりました。

参加者K　佐賀県から参加しましたKといいます。

何を感じ、何を学んだかということですけれども、たくさんのことを感じました。そして学んだ結論を宣言いたします。

私は自分の全てを受け入れて、肯定するだけじゃなくて、自分を誇りにいたします。たとえ3次元で欠点と思われることでも、それを含めて誇りにします。何事も変えません。ありがとうございました。

参加者G　京都から来ましたGと申します。

私自身のテーマは自己実現というのがすごく好きで、自分自身も勉強してきましたし、お客さん、クライアントにもそういうものを提供しているんですけれども、これからもしていきたいなと思っていたんです。今回いろいろ学ぶことによって、あるがままの自分を受け入れていくということが本当に大切で、それをやっていくことで自然と自己実現していけるんじゃないかと思いました。ありがとうございました。

参加者C　新潟から来ましたCです。

今回のリトリートツアーで先生が一人一人のDNAを書き換えてくださるということで、何をお願いしようかと思って、お金のことをお願いしたんですけれども、実は私は酔っぱらって温泉で転んで、腰の骨を打って、それからずっと骨の痛いのが治らなくて、どっちをお願いしようかなと迷っていたのです。

松久　それも入っていますからね。

参加者C　けさ、目が覚めたときにすごく幸せな気持ち、何とも言えない気持ちに包まれた。最初に自分が先生に何をお願いしたか忘れちゃうくらい、何とも言えない気持ちいい感情に包まれて、私は先生に書き換えをしてもらわなくても、先生に見守っていてもらうだけで幸せという感じになりました。
今回はいろいろあったんですけれども、最終的にその人の欠点がその人を救うというのが私の魂にすごく響いていて、これからも欠点だらけの自分をもっともっと愛していこうと思いました。

参加者H　山口県から来ましたHといいます。
私は適応障害で力が抜ける症状があるのですが、このたび、ボートに乗る前に体が動けるというのが実感できました。すごくうれしかったです。先生、ありがとうございました。

参加者F　兵庫県から来ましたFです。
私はこのツアーが楽しくて楽しくて、このまま、毎日こんな楽しいことを皆さんと一緒にして一生過ごしたいなと、本当に楽しかったのです。私自身も先生に遠隔でいろいろ教えていただいたんですけれども、まだいろんなことがとらわれているんだなと思って、本当に自分がやわらかく、自然のままになった感じがします。皆さん、ありがとうございました。先生、ありがとうございました。

参加者E　兵庫県から来ましたEです。

かなりの回数、参加してきまして、だんだん回数を重ねるに従って、先生に申しわけないなと思う気持ちも出てきて。今までの集大成というか、屋久島に行ってから穏やかな幸せな気分が続いています。

私はドルフィン先生に出会ったのは、自分の体が元気になりたい、とにかく自分を生き切りたいと思って、最後は愛と感謝で旅立っていけるようにというのが目標で、一番の目標が健康になりたいことで来まして、ずっとわからないままだったのですが、きょう、自分を生きていなかったんだなということにやっと気がついた。今まではそのときそのときの自分の役割をこなすことに一生懸命で、自分を生きてこなかったから、自分が今どうしたいのかさっぱりわからずに、朝日を見て、夕日を見て、それで幸せ、ご飯が食べられることで幸せと、それさえもできない状態だった。

足も失う直前で、本当にこんなことできるんだろうかという状態で、今回も途中まで足が動かなかったですけれども、きのう、唐人駄場ですごく感動したんです。きょうの朝のおじさんにすごく感動した。ドルフィン先生と重なるところがあって、自分を生きてきた人はいつまでも子どもも心があって、すごく楽しそう。今までの先生のされてきたことの証明のようなことに出会えて、本当にあのおじさんに出会えてすごく幸せだった。いつもわけがわかりませんけれども、とにかく幸せです。

参加者L　東京から来ましたLです。

先生のエネルギーがすごく強いので、私は今クラクラしちゃっているんですよ。お酒も弱いですから、さらにグラグラしちゃって、何と言っていいのかわからないです。ただ、きょうわかったこと。私が嫌っていた今までの固定観念や常識を嫌わないで受け入れる。私にとって全て正しいことで、必要なことだということがわかりました。ありがとうございます。

参加者J　千葉県から来ましたJです。

今回のリトリート中、いろんなものが壊れたのです。まず初日に時計のベルトがぶち切れて、2日目にはペンダントのバチカンが壊れて、4日目、ブレスレットが四万十の川底に沈んでいます（笑）。最後、きょうの昼に左の奥歯が半分欠けました。

今まで知らず知らずに自分を縛っていた常識とか固定観念とか、そういうものがぶっ壊れていくのだと思います。これからまた一歩を大きく踏み出して頑張っていきたいと思います。どうもありがとうございました。

会食中の会話

松久　Xさん、きょうはショックなことが多いですね。それを伝えっ放しだったら困りますが、私がすぐ書き換えたので。伝えてそのまま放置されたら、きつかったでしょう。

Xさん　ユダの役割は何だったのかなとずっと思っていますからね。

松久　今回、参加者が13人だったのです。僕は再募集したんですけど、13人からふえなかった。めずらしくふえないなと思っていたら、ふえない理由があったんですね。

Xさん　ドラマチックですね。

参加者　ドルフィン先生は、最初は何の目的で来るかわからないというのが、これまた非常にドラマチックで。

松久　何で四国なのか。しかも、一緒に来た別府先生がきのうスピーチして、いろんな謎が明かされた。来るべくして来たのよ。学生のときからＵＦＯに乗って、大人になってからも、ＵＦＯで何回も行ったり来たりしていて、いろんな面白いことを覚えている。

今回は、ダイヤモンドのエネルギーが北極星の方向から降り注ぐ必要があると宇宙が言っている、それを通さないとダメだと宇宙人たちが言っているということでした。

私が、それはアルクトゥルスだと読んだのです。唐人駄場とアルクトゥルスをつなぐことが大事だったのです。アルクトゥルスとつながることは、ジーザス・クライストのエネルギーが地球で完全に蘇ることになるので、そのときにユダのエネルギーを完全に書き換える必要があったのです。

Xさん　そこに私がまんまと来ちゃったんですね。

松久　Xさんが四国くんだりまで1泊のために来るのは大変なことだし、最後だけ入れかわるなんてなかなかないことです。

Xさん　きょうはＤさんがどうしてもダメだと言って。

松久　彼は弟子だからちょい役で来ていて、最後の夜は本人が来る必要があったんで今回は、ダイヤモンドのエネルギーが北極星の方向から降り注ぐ必要があると宇宙が言っている、それを通さないとダメだと宇宙人たちが言っているということでした。

私が、それはアルクトゥルスだと読んだのです。

唐人駄場とアルクトゥルスをつなぐことが大事だったのです。

アルクトゥルスとつながることは、ジーザス・クライストのエネルギーが地球で完全に蘇ることになるので、そのときにユダのエネルギーを完全に書き換える必要があったのです。

すね。10月5日に晩餐会の扉はついに開かれた。しかも、ジャパンで。

参加者　今回参加している人も、当然エネルギー的に必然的に来ているんですね。

松久　役割としてね。尊い人たちだ。

参加者　Xさんの先ほどのメッセージで、最後の晩餐会が最初の晩餐会になる。すごくすてきなメッセージ。

Xさん　あのときから始まる世界と、逆になりますものね。

松久　Xさんはショックを受けるんだけど、純粋に受け入れる能力がすごくて、自分の中で昇華しちゃうのね。

首里城のときも、なぜかテレビが気になってずっと見ていたんです。

Xさん　あの時間に起きてテレビを見ることはない。マジにリアルで見ちゃった。

戦後、琉球の宮廷音楽がなくなりかけたときに、宮廷に女しか入れないところがありましたから、女装して入って採譜していた山内盛彬《やまうちせいひん》さんという研究家がいたんです。自分はその人の原稿を全部預かっていたんです。家族と折り合いがつかなくて出せなかったんですけれども、違う形にしてその情報は出したんです。こんなの絶対に売れるはずがないものなんです。

何か贖罪《しょくざい》の思いがあったのかなとか、そういうのともつながったから。家族からも訴えると言われているのに、何で僕がこの本を一生懸命出そうとしなきゃいけないのかわからなかったんですけれども、ドルフィン先生から、壊したと。
松久　だから、Xさんと私は、超古代から切っても切れない関係なのよ。
参加者　地球に来られてからは、悪役に徹してこられた。
松久　みずから選んで。
Xさん　闇が好きみたいですね。
松久　最終的には、出版社としてそういう……。
Xさん　陰謀論ばかりやっていますから、闇の人が好きかもです（笑）。
松久　今はもう世直しに。
参加者　売れる、売れないにかかわらず、出したいものを。
Xさん　出したいですね。
松久　さっきの書き換えのセレモニーのときはどうでしたか。
Xさん　グラングランしちゃって、真っすぐ立っていられないです。
松久　私がエイッと言ったとき、相当響きましたね。
Xさん　魂の芯までバーンと入って、自分でびっくりしちゃった。エネルギーがすごかったですよ。

松久　目を閉じていましたものね。

Xさん　頑張って立っていないとヤバイぞというぐらいのエネルギー。

参加者　13人の写真がとてもすてきでしたね。1日目のホテルが長机で。

松久　それで気づいた。

Xさん　「最後の晩餐」のシーンじゃないの。

参加者　先生が13人だと言われて、みんながいや応なくつながっちゃった。ずっとこの形でいくのかなと思ったんです。

松久　来るまでは全くわからなかった。

参加者　ここは丸テーブルになって、新しい形の13人で乾杯していたから、新しい時代だなと。

Xさん　それもすごいですね。先生のツアーはとんでもないですね。

参加者　これで世界的に地球レベルで変わってくるでしょう。

松久　キリスト教が変わってくる。

Xさん　キリスト教が世界では一番ガチッと強いですから、生まれ変わると世界が相当変わりますね。

松久　ローマ法王が変わってくるね。

参加者　ドルフィン先生は、アルクトゥルスを降ろしました。アンドロメダはいつごろの予定なんですか。

松久　アルクトゥルスとつながってきたら、アンドロメダは自然に入ってきますので、そういう機会があればやるけれども、来年になってくるかな。ギリシャに行ったり、イギリスのストーンヘンジのあたりが絡んでくるでしょう。

Xさんに伝えるのはちょっと勇気が要った。またショックを与えてしまう。

Xさん　ちょっと言いにくそうでしたものね。

参加者　ドルフィン先生もものすごく繊細だから。

松久　Xさんの過去生がユダだというのを伝えるだけだと、ショックを受けたまま帰してしまう。これはダメです。伝えた直後に書き換えたでしょう。だから、僕としては、いいことをした。伝えるだけでサヨナラだと……。

Xさん　一生落ち込んだままですよ。書き換えてくださるとわかっているから、何を言われても大丈夫なんですよ。レムリアを壊したと言われたときは一番ショックでした。最初だからね。

松久　その罪滅ぼしに、今、本をたくさん出している。レムリア再興のために。Xさんもレムリアに守られていなかったら、これだけ自由に本を撃ちまくって、こんなに平和にいられない。だから、何を出しても大丈夫だ。すごいね。

カッパと座敷わらし

参加者　カッパというのは実在しているんですか。

松久　カッパはいますよ。僕は、遠野と平泉で、昔話の世界を現代に次元上昇させて、この世に降ろしてきたので、今こそ本当にカッパは存在します。昔の人の集合意識が添えてあるから、エネルギー体に爬虫類《はちゅうるい》系の宇宙人のエネルギーと集合意識がまざっていて、かわいいキャラクターになる。

怖いカッパと、かわいいカッパがある。実は、人間が次元上昇する場合に、妖怪とか昔話の座敷わらしとかカッパの存在がすごく大きくなってきているのです。彼らに好かれるかどうかで、人間らしくできるかどうかが変わってくる。

座敷わらしに嫌われたら、全部お金と縁が切れます。

Xさん　座敷わらしの姿形はどんな感じですか。

怖いカッパと、かわいいカッパがある。

実は、人間が次元上昇する場合に、妖怪とか昔話の座敷わらしとかカッパの存在がすごく大きくなってきているのです。

彼らに好かれるかどうかで、人間らしくできるかどうかが変わってくる。

松久　旅館に行くと、僕は「ここに〇〇ちゃんがいる」と読みました。エネルギー体で存在していて、その家を見放すときに見える形になるのです。出るときにしか形は出ないのですが、私が羽田空港から高知空港に乗ってくるときに、窓際でうたた寝していたのです。こっちは飛行機の窓なのに、こっちから女の子の座敷わらしが来て、ここへ座ったのです。背は小さくて、これぐらいで、おかっぱ頭で着物っぽいんです。

Xさん　おかっぱ頭ですよね。僕も見たことがあります。

松久　どこで見たんですか。

Xさん　自分の家。夜中にトイレに起きて、真っ暗闇なのにちゃんと見えるんですよ。これは見間違いじゃないと思ったら、ちょっと怖くなっちゃって、「あんた、誰？」ときつく言ったら消えちゃった。知っていれば、そこで仲よくできたのに、もしかしたらもったいなかったですね。

松久　追い払っちゃったかもしれない。

Xさん　見えないものが見えるんですから、怖くなっちゃったんですよ。11年前、今のマンションのリビングに、まさに赤っぽい和服で、おかっぱでいたんです。

参加者　座敷わらしの出戻りとかあるんですか。

Xさん　戻ってきてほしいね。幽霊かなと思った。

松久　小さいんですか。

Xさん　小さい。3歳から5歳の女の子。

松久　こっちを向いて立っているんですか。

Xさん　真正面。顔の表情はよくわからないけど、おかっぱです。忘れられない。幽霊なんて見ることないもの。

松久　（エネルギーを読んで）でも、その座敷わらしは、まだいるって。

Xさん　本当に？　やった！

松久　エネルギーが書きかわったから、さらに変わってくるかもしれない。まだ住んでるよ。

Xさん　うれしいなあ。よかった！

松久　きょう帰ったら、家で名前をつけて、話しかけて。

Xさん　女の子の名前をつけていいんですか。うちのカミさんに誤解されないかな（笑）。「誰？　それ」と言われる。「座敷わらしだよ」と言っても、たたかれちゃうかもしれない。

松久　座敷わらしが好む人物は、とにかく純粋で喜怒哀楽に素直で、自分のやりたいことをがむしゃらにやる人間です。だから、僕もこのままやっているの。

座敷わらしが姿をあらわさないときは、住んでいるのです。リアルに姿をあらわすときは家を去るときです。だから、リアルの女の子が家にいたら、最後に去るときなんです。

Xさんが見たのは映像だったんでしょう。それはまだいるときですね。入ったときかもしれない。だから、Xさんが名前をつけて毎晩おやつをあげたり、かわいがってあげると、すごくサポートしてくれると思う。勘違いされない範囲で、たまに声をかけてあげてください。

何も考えないで、とにかく前に出る

松久　皆さん、ご歓談して、お食事でおなかも満足したところじゃないでしょうか。

実はXさんのお家には座敷わらしが住んでいるんですって。おかっぱ頭で背の小さい、赤いおべべを着た女の子。エネルギーを読んだら、まだ住んでいる。Xさん、これから楽しみね。きょうでユダの封印が解けたから、すごく変わるかもね。

ともあれ、こういうタイミングで、霊性の弥勒の最後の晩餐会をしたのは地球上でここだけなんですよ。奇跡的な夜のこの時間は、宇宙の星たちが全て注目しているわけです。だから、このときこそ宇宙に対して喜びの一発芸をしてほしいんです。皆さん、何か準備してきているはずでしょう。一番バッター、誰でもいいわ。一番バッターに行く人、僕は好きだなあ。

参加者K　はい。

松久　弥勒の世の弥勒芸を。

参加者K　実はドクタードルフィン学園で先生に何か振られたとき、シーンとしたら、「その5秒は何？　何も考えないでとにかく前に出るんだよ」とおっしゃったんですよ。それを早速私は実践しました。

松久　今のはすてきなことで、考えてから出るというのは超低次元。こんなことを宇宙は望んでいないの。何をやるかわからないうちに「はい」という人を宇宙は大応援する。

こういうタイミングで、霊性の弥勒の最後の晩餐会をしたのは地球上でここだけなんですよ。

奇跡的な夜のこの時間は、宇宙の星たちが全て注目しているわけです。

事務局Yのスピーチ

事務局Y　すごい濃厚な数日間でした。皆さんを見ていても、皆さんが気づかないうちにどんどん変わってきているんだろうなと思っていたんです。

私自身はどういうきっかけで変わったのかなと振り返って見ていたんですけれども、去年の夏ぐらいに体調が悪くなったときに精密検査をしたら、腫瘍マーカーが異常に高いという話になりまして、悪い病気かもしれないという話になったんです。

その瞬間に、がんとかで死んじゃうのかなと思いつつも、自分の中でちょっと笑いが出たんですよ。私はそのために先生の世界に触れてきていたんだなと思いました。先生がいつも言っている、生命は振動するエネルギーであって、常に進化成長を求めている。体がもし死んだとしても、エネルギーは永遠で無限大だから、何でもないじゃんということが自分の感覚としてわかったのです。そうしたら、病室で病院の先生が結構深刻に、今後の検査はどうしましょうかという話をされているときに、死んでも大丈夫なんだから、人生で何が起こっても大丈夫だなと考えていたんです。

だから、先生と会って、この自分の人生のシナリオのために予習していたんだなということが、すごく面白かったんです。

松久　1年ぐらい前に血液の酵素がすごく上がって、ホルモンが異常なぐらい上がっていた。西洋医学的に捉えると精密検査しないとまずい。でも、次の瞬間、パラレルを選ぶんだ。社会通念の集合意識に行くほうのパラレルをすんなり選べば、悪い診断を受けて苦しむんだけれども、次の瞬間のあなたは、それが全くなかったようなパラレルを選べる。それだけの話ね。

事務局Y　それが自分でわかったんです。今、違うところにいたなみたいな感覚があった。自分自身がそういうふうに思えたので、例えば家族、娘や主人のことも、彼らは彼らの人生のシナリオで来ているから、全く心配することもないし、死んでも大丈夫という気持ちがすごく確信に変わった。

松久　イエーイ！

事務局Y　それを体験できて、それを体験したかったんだなというのもわかったので、ますます人生、面白くなりそうだなと思いますし、これからも先生といろいろ面白い時空間を共有していきたいなと思います。また皆さんとご一緒できたらうれしいです。

松久　Yさんの最後のスピーチでした。

ラストスピーチ

事務局（実は松久氏（ドクタードルフィン））　私は事務局として本当に感謝したいと思います。みんなが一生懸命やってくれて、さっきのスピーチもすばらしかったし、ドルフィン先生にみんな気持ちがつながっているんだなと思って、先生もすごく感激されているんじゃないかなと感じています。ドルフィン先生が最後の感激のスピーチで、皆さんに愛と感謝を伝えると思います。

松久（ドクタードルフィン）（実はスタッフ）　今回の四国リトリート、どうもおかしかったの。最初はPRを一生懸命やって募集したのに、なぜか途中から人がふえない。12人と私、13人。何なのかなとずっと思いながら高知市に着いたの。

高次元☆修学旅行に集まった面々を見て、1日目の晩餐のときに気づいた。横長のテーブルで12人と私。全部で13人。そのときピーンと気づいた。

今回は空海、龍馬、唐人駄場、いろいろエネルギーをつないで、霊性を開きに来たけれども、もう一つあった。来るまでわからなかった。だけど、この12人のメンバー、私しかできない13人でのお勤めに参加したメンバー。ジーザスの力を蘇らせる感動的なリトリートになることに気づいた。

ありがとう。

事務局（実は松久氏）　では、今からドクタードルフィンが退場されます。盛大な拍手と愛情で見守ってください。

松久（ドクタードルフィン）（実はスタッフ）　今夜、夢の中で会おうね。

松久　では、ラストディナーのご挨拶をさせていただきます。

私は、ただ単に生きたいように生きております。ありたいようにあって、「世の人は我を何とも言わば言え　我がなすことは我のみぞ知る」という龍馬の言葉そのままを生きている。

人の話を聞かず、質問しておいて答えを聞く前にいびきをかく。それぐらいわがままで、勝手で、自分のことだけをいつも生きている自分でございます。

私は、ただ単に生きたいように生きております。ありたいようにあって、「世の人は我を何とも言わば言え
我がなすことは我のみぞ知る」という龍馬の言葉そのままを生きている。

そんな私がやりたい道を一緒につくって、その道をみんなで一緒に歩いてくれるということは、私はどんなに恵まれた、ラッキーな、幸福な人間だろう。自分のことしか愛せないのに、自分の人生しか生きれないのに、単に自分の声を発信するだけなのに、私の道を一緒につくって、一緒に歩んでくれる皆さん。私はこのときにこの地球に生きていて、すごくうれしい。

いつもいつも精いっぱい、ありがとう。

今夜、私たちは新たな世の中をつくり出しました。あしたは新たな朝とともに、新たな空気の中で、新たな太陽が昇ります。おやすみなさい。

88次元 Fa-A ドクタードルフィン
松久 正 Tadashi Matsuhisa
鎌倉ドクタードルフィン診療所院長

医師（慶応義塾大学医学部卒）、米国公認ドクターオブカイロプラクティック（Palmer College of Chiropractic 卒）

超次元・超時空間 DNA オペレーション医学 & 松果体覚醒医学
Super Dimensional DNA Operation Medicine (SD-DOM) & Pineal Activation Medicine (SD-PAM)

神と高次元存在を覚醒させ、人類と地球、社会と医学の次元上昇を使命とする。

人類を含む地球生命と宇宙生命の松果体覚醒、並びに、高次元DNAの書き換えを担う。

対面診療には、全国各地・海外からの新規患者予約が数年待ち。世界初の遠隔診療を世に発信。

セミナー・講演会、ライブショー、ツアー、スクール（学園、塾）開催、ラジオ、ブログ、メルマガ、動画で活躍中。ドクタードルフィン公式メールマガジン（無料）配信中（HPで登録）、プレミアム動画サロン・ドクタードルフィン Diamond 倶楽部（有料メンバー制）は随時入会受付中。


多数の著書があるが、単独著者本として代表的なものは、『松果体革命』（2018年度出版社 No.1ベストセラー）『Dr. ドルフィンの地球人革命』（ナチュラルスピリット）『ワクワクからぷあぷあへ』（ライトワーカー）『からまった心と体のほどきかた 古い自分を解き放ち、ほんとうの自分を取りもどす』（PHP 研究所）『死と病気は芸術だ！』『シリウス旅行記』（VOICE）『至高神 大宇宙大和神の教え』『卑弥呼と天照大御神の復活』『神医学』『ピラミッド封印解除・超覚醒 明かされる秘密』『神ドクター Doctor of God』（青林堂）『宇宙人と地球人の解体新書』『多次元パラレル自分宇宙』（徳間書店）『我が名はヨシュア』『幸せ DNA をオンにするには潜在意識を眠らせなさい』（明窓出版）『悩みも病気もない DNA 宇宙人になる方法』『「世界遺産：屋久杉」と「宇宙遺産：ドクタードルフィン」』『イルミナティとフリーメイソンとドクタードルフィン』『ウィルスの愛と人類の進化』『龍・鳳凰と人類覚醒』『菊理姫（ククリヒメ）神降臨なり』『令和の DNA 0 = ∞医学』『ドクタードルフィンの高次元 DNA コード』『ドクター・ドルフィンのシリウス超医学』『水晶（珪素）化する地球人の秘密』（ヒカルランド）等の話題作がある。また、『「首の後ろを押す」と病気が治る』は健康本の大ベストセラーになっており、『「首の後ろを押す」と病気が勝手に治りだす』（ともにマキノ出版）はその最新版。今後も続々と新刊本を出版予定で、世界で今、最も影響力のある存在である。

公式ホームページ http://drdolphin.jp/

四国を死国から甦らせよ！
空海・龍馬とユダ、復活させたり
アルクトゥルスのダイヤモンドエネルギー

第一刷　2021年3月31日

著者　松久　正

発行人　石井健資

発行所　株式会社ヒカルランド
〒162-0821　東京都新宿区津久戸町3-11　TH1ビル6F
電話　03-6265-0852　ファックス　03-6265-0853
http://www.hikaruland.co.jp　info@hikaruland.co.jp
振替　00180-8-496587

本文・カバー・製本　中央精版印刷株式会社
DTP　株式会社キャップス
編集担当　高島敏子／溝口立太

ISBN978-4-86471-977-3

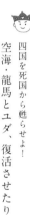

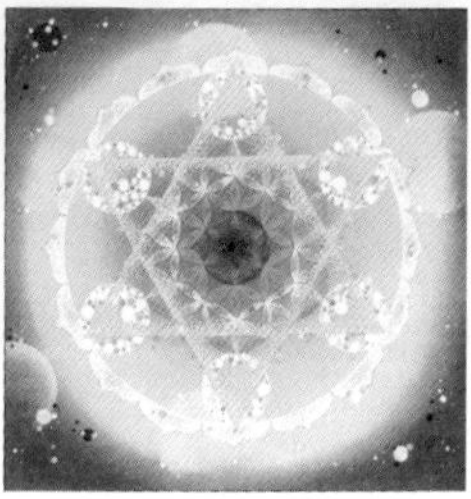

ヒカルランド　好評既刊！

地上の星☆ヒカルランド　銀河より届く愛と叡智の宅配便

高次元ネオシリウスからの素晴らしいギフト！

DNAを書きかえる超波動

シリウスランゲージ

色と幾何学図形のエナジー曼荼羅

著者 ――――――――――――
88次元 Fa-A ドクタードルフィン 松久 正
曼荼羅アーティスト 茶谷洋子
本体：10,000円＋税

14枚の波動絵＆解説書の豪華BOXセット！

88次元 Fa-A ドクタードルフィン松久正氏と新進気鋭の曼荼羅アーティスト茶谷洋子氏とのコラボレーションにより、高次元ネオシリウスのエネルギーが封入されたパワーアートグッズが完成。「人類が救いを必要とするテーマ」を高次元昇華させる14枚のカードとドクタードルフィンによる解説書が入った豪華BOXセット！　多次元体をヒーリングし、人類をシリウス愛の波動へと誘う人生処方箋！

も効果的とは言えません。また、珪素には他の栄養素の吸収を助け、必要とする各組織に運ぶ役割もあります。そこで開発元では、珪素と一緒に配合するものは何がよいか、その配合率はどれくらいがよいかを追求し、珪素の特長を最大限に引き出す配合を実現。また、健康被害が懸念される添加物は一切使用しない、珪素の原料も安全性をクリアしたものを使うなど、消費者のことを考えた開発を志しています。

手軽に使える液体タイプ、必須栄養素をバランスよく摂れる錠剤タイプ、さらに珪素を使ったお肌に優しいクリームまで、用途にあわせて選べます。

◎ドクタードルフィン先生一押しはコレ！　便利な水溶性珪素「レクステラ」

天然の水晶から抽出された濃縮溶液でドクタードルフィン先生も一番のオススメです。水晶を飲むの？　安全なの？　と思われる方もご安心を。「レクステラ」は水に完全に溶解した状態（アモルファス化）の珪素ですから、体内に石が蓄積するようなことはありません。この水溶性の珪素は、釘を入れても錆びず、油に注ぐと混ざるなど、目に見える実験で珪素の特長がよくわかります。そして、何より使い勝手がよく、あらゆる方法で珪素を摂ることができるのが嬉しい！　いろいろ試しながら珪素のチカラをご体感いただけます。

レクステラ（水溶性珪素）
■ 500mℓ　21,600円（税込）

飲みものに
・コーヒー、ジュース、お酒などに10～20滴添加。アルカリ性に近くなり身体にやさしくなります。お酒に入れれば、翌朝スッキリ！

食べものに
・ラーメン、味噌汁、ご飯ものなどにワンプッシュ。

料理に
・ボールに１リットルあたり20～30滴入れてつけると洗浄効果が。
・調理の際に入れれば素材の味が引き立ち美味しく変化。
・お米を研ぐときに、20～30滴入れて洗ったり、炊飯時にもワンプッシュ。
・ペットの飲み水や、えさにも５～10滴。（ペットの体重により、調節してください）

●使用目安：１日あたり４～16mℓ

【お問い合わせ先】ヒカルランドパーク

＊ご案内の価格、その他情報は発行日時点のものとなります。

本といっしょに楽しむ ハピハピ♥ Goods&Life ヒカルランド

ドクタードルフィン先生も太鼓判！
生命維持に必要不可欠な珪素を効率的・安全に補給

◎珪素は人間の健康・美容に必須の自然元素

珪素（イメージ）

地球上でもっとも多く存在している元素は酸素ですが、その次に多いのが珪素だということはあまり知られていません。藻類の一種である珪素は、シリコンとも呼ばれ、自然界に存在する非金属の元素です。長い年月をかけながら海底や湖底・土壌につもり、純度の高い珪素の化石は透明な水晶になります。また、珪素には土壌や鉱物に結晶化した状態で存在している水晶のような鉱物由来のものと、籾殻のように微生物や植物酵素によって非結晶になった状態で存在している植物由来の２種類に分けられます。

そんな珪素が今健康・美容業界で注目を集めています。もともと地球上に多く存在することからも、生物にとって重要なことは推測できますが、心臓や肝臓、肺といった「臓器」、血管や神経、リンパといった「器官」、さらに、皮膚や髪、爪など、人体が構成される段階で欠かせない第14番目の自然元素として、体と心が必要とする唯一無比の役割を果たしています。

珪素は人間の体内にも存在しますが、近年は食生活や生活習慣の変化などによって珪素不足の人が増え続け、日本人のほぼ全員が珪素不足に陥っているとの調査報告もあります。また、珪素は加齢とともに減少していきます。体内の珪素が欠乏すると、偏頭痛、肩こり、肌荒れ、抜け毛、骨の劣化、血管に脂肪がつきやすくなるなど、様々な不調や老化の原因になります。しかし、食品に含まれる珪素の量はごくわずか。食事で十分な量の珪素を補うことはとても困難です。そこで、健康を維持し若々しく充実した人生を送るためにも、珪素をいかに効率的に摂っていくかが求められてきます。

こんなに期待できる！　珪素のチカラ

●健康サポート　●ダイエット補助（脂肪分解）　●お悩み肌の方に
●ミトコンドリアの活性化　●静菌作用　●デトックス効果
●消炎性／抗酸化　●細胞の賦活性　●腸内の活性　●ミネラル補給
●叡智の供給源・松果体の活性　●免疫の司令塔・胸腺の活性　●再生作用

◎安全・効果的・高品質！　珪素補給に最適な「レクステラ」シリーズ

珪素を安全かつ効率的に補給できるよう研究に研究を重ね、たゆまない品質向上への取り組みによって製品化された「レクステラ」シリーズは、ドクタードルフィン先生もお気に入りの、オススメのブランドです。

珪素は体に重要ではありますが、体内の主要成分ではなく、珪素だけを多量に摂って

「ドクターレックス プレミアム」、「レクステラ プレミアムセブン」、どちらも毎日お召し上がりいただくことをおすすめしますが、毎日の併用が難しいという場合は「ドクターレックス プレミアム」を基本としてお使いいただくことで、体の基礎を整えるための栄養素をバランスよく補うことができます。「レクステラ プレミアムセブン」は、どんよりとした日やここぞというときに、スポット的にお使いいただくのがおすすめです。

また、どちらか一方を選ぶ場合、栄養バランスを重視する方は「ドクターレックス プレミアム」、全体的な健康と基礎サポートを目指す方は「レクステラ プレミアムセブン」という使い方がおすすめです。

◎すこやかな皮膚を保つために最適な珪素クリーム

皮膚の形成に欠かせない必須ミネラルの一つである珪素は、すこやかな皮膚を保つために欠かせません。「レクステラ クリーム」は、全身に使える天然ミネラルクリームです。珪素はもちろん、数百キロの原料を精製・濃縮し、最終的にはわずか数キロしか取れない貴重な天然ミネラルを配合しています。合成着色料や香料などは使用せずに、原料から製造まで一貫して日本国内にこだわっています。濃縮されたクリームですので、そのまま塗布しても構いませんが、小豆大のクリームを手のひらに取り、精製水や化粧水と混ぜて乳液状にしてお使いいただくのもおすすめです。お肌のコンディションを選ばずに、老若男女どなたにも安心してお使いいただけます。

レクステラ クリーム
■ 50g　12,573円（税込）

●主な成分：水溶性濃縮珪素、天然ミネラル（約17種類配合）、金（ゴールド・ナノコロイド）、ヒアルロン酸、アルガンオイル、スクワラン、プロポリス、ホホバオイル、ミツロウ、シロキクラゲ多糖体
●使用目安：2～3か月（フェイシャルケア）、約1か月（全身ケア）

ヒカルランドパーク取扱い商品に関するお問い合わせ等は
電話：03－5225－2671（平日10時－17時）
メール：info@hikarulandpark.jp　URL：http://www.hikaruland.co.jp/

＊ご案内の価格、その他情報は発行日時点のものとなります。

◎植物性珪素と17種類の必須栄養素をバランスよく摂取

基準値量をクリアした、消費者庁が定める17種類の必須栄養素を含む、厳選された22の成分を配合したオールインワン・バランス栄養機能食品。体にはバランスのとれた食事が必要です。しかし、あらゆる栄養を同時に摂ろうとすれば、莫大な食費と手間がかかってしまうのも事実。医師監修のもと開発された「ドクターレックス プレミアム」なら、バランスのよい栄養補給ができ、健康の基礎をサポートします。

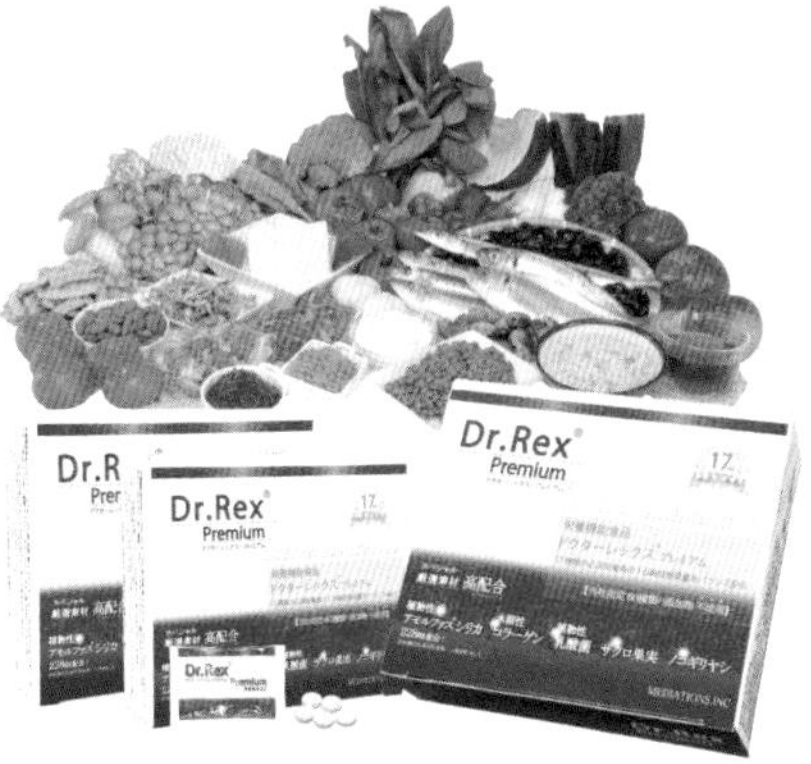

ドクターレックス プレミアム
■ 5粒×30包　8,640円（税込）

●配合成分：植物性珪素、植物性乳酸菌、フィッシュコラーゲン、ザクロ果実、ノコギリヤシ、カルシウム、マグネシウム、鉄、亜鉛、銅、ビタミンA・C・E・D・B_1・B_2・B_6・B_{12}、パントテン酸、ビオチン、ナイアシン、葉酸
●使用目安：1日あたり2包（栄養機能食品として）

◎珪素をはじめとする厳選した7成分で打ち勝つ力を強力サポート！

人体の臓器・器官を構成する「珪素」を手軽に補える錠剤タイプの「レクステラ プレミアムセブン」。高配合の植物性珪素を主体に、長年の本格研究によって数々の研究成果が発表された姫マツタケ、霊芝、フコイダン、β－グルカン、プロポリス、乳酸菌を贅沢に配合。相乗効果を期待した黄金比率が、あなたの健康を強力にサポートします。

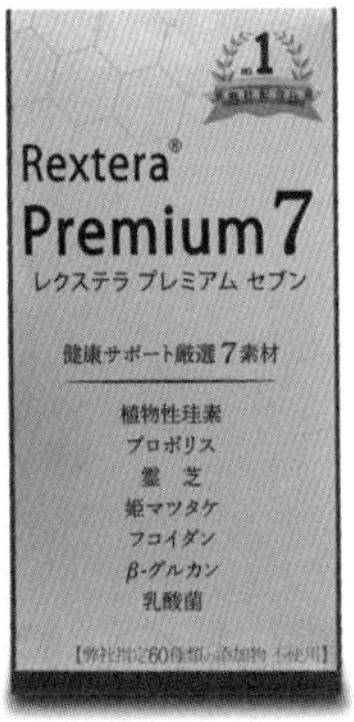

レクステラ プレミアムセブン
■ 180粒　21,600円（税込）

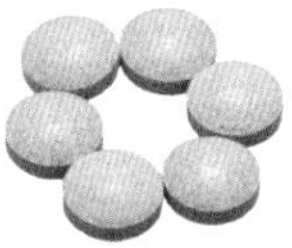

●配合成分：植物性珪素、姫マツタケ、オキナワモズク由来フコイダン、直井霊芝、ブラジル産プロポリス、乳酸菌 KT-11（クリスパタス菌）、β－グルカン（β-1, 3/1, 6）
●使用目安：1日6粒～

ミロクの世覚醒の超奇跡
神聖・新生琉球講演会（&リトリートツアー）
DVD 1 枚組（約62分）　本体 8,000円+税

超次元宇宙と超次元宇宙の超激突！
衝突する宇宙でお前の魂をつなぎかえてやる！
DVD 1 枚組（約98分）　本体 10,000円+税

ヒカルランド　好評既刊!

地上の星☆ヒカルランド　銀河より届く愛と叡智の宅配便

霊性琉球の神聖誕生
日本を世界のリーダーにする奇跡
著者：88次元 Fa-A ドクタードルフィン 松久 正
四六ハード　本体 1,700円+税

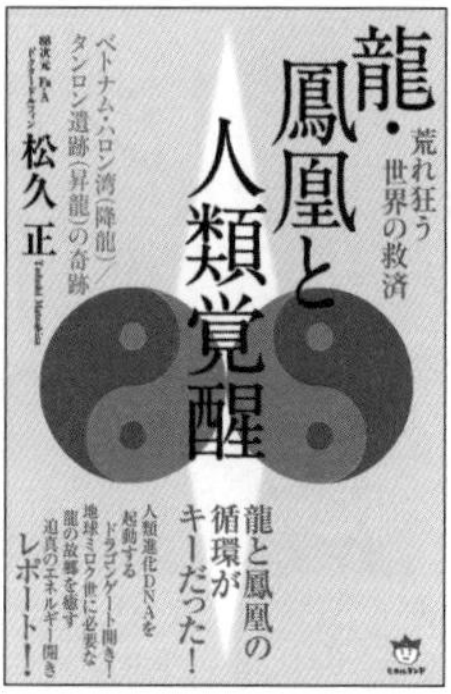

荒れ狂う世界の救済
龍・鳳凰と人類覚醒
ベトナム・ハロン湾（降龍）／タンロン遺跡（昇龍）の奇跡
著者：88次元 Fa-A ドクタードルフィン 松久 正
四六ハード　本体 1,700円+税

かほなちゃんは、宇宙が選んだ地球の先生
ドクタードルフィン松久正×異次元チャイルドかほな
著者：かほな／松久 正
四六ソフト　本体 1,333円+税

ペットと動物のココロが望む世界を創る方法
著者：ドクタードルフィン 松久 正
四六ハード　本体 1,815円+税

シリウスがもう止まらない
今ここだけの無限大意識へ
著者：松久 正／龍依
四六ソフト　本体 1,815円+税

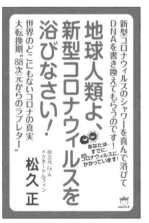

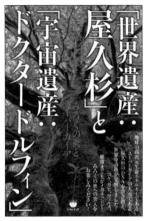

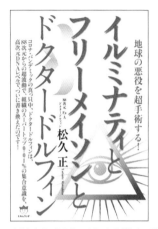

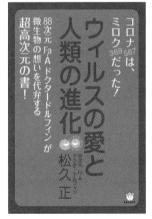